Lea Beschorner

Meine Therapeutin hält dich für eine gute Idee

Lea Beschorner

Meine Therapeutin hält dich für eine gute Idee

Roman

Impressum

Bibliografische Information der Deutschen Nationalbibliothek:
Die Deutsche Nationalbibliothek verzeichnet diese Publikation in der
Deutschen Nationalbibliografie; detaillierte bibliografische Daten sind
im Internet über http://dnb.dnb.de abrufbar.
© 2020 Lea Beschorner
Kontakt: lea.beschorner@gmx.de / Instagram: @halbtagsliebe
Herstellung und Verlag: BoD – Books on Demand, Norderstedt
ISBN: 978-3-7519-5058-9

Dieses Buch ist all denen gewidmet, die nicht alleine in ihrem Kopf wohnen.

Der Kopf macht komische Dinge und das ist okay.
Du bist nicht deine Gedanken.

Playlist

Macklemore & Ryan Lewis – Can't Hold Us ft. Ray Dalton
Sia – The Greatest
Oasis – Wonderwall
Coasts – White Noise
BANNERS – Someone To You
Wincent Weiss – Ein Jahr
Johannes Oerding – Alles Brennt
COIN – Talk Too Much
Ne-Yo – Because Of You
Coldplay – Yellow
Adele – Rolling In The Deep
Imagine Dragons – Rise Up
Grizfolk – Bounty On My Head
Bleachers – Rollercoaster
SDP – Cande Light Döner
Johannes Oerding – Alles Okay
Cro – Meine Gang ft. Danju
Fools Garden – Lemon Tree
Aerosmith – I Don't Want To Miss A Thing

Vorwort

Obwohl einige Geschichten des Buches auf wahrer
Begebenheit beruhen, ist der Inhalt frei erfunden.
Ich habe mich von Menschen, die mir in meinem
Leben bisher begegnet sind, für die Hauptpersonen
des Buches inspirieren lassen; die Charaktere an sich
existieren jedoch nicht. Auch die Informationen über
die Therapiestunden habe ich lediglich meiner eigenen
Therapie entnommen.
Eine Verhaltenstherapie beinhaltet mehr, als das, was
im Buch zusammengefasst ist. Die Gespräche sind
lediglich Ausschnitte aus einzelnen Sitzungen. Jedes
Therapiegespräch ist individuell auf jeden Patienten
abgestimmt. Falls du auch an psychischen Problemen
leidest und dich in der Hauptperson wiedererkennst,
verlasse dich bitte nicht auf das, was ich geschrieben
habe. Dies sind nur Informationen, die ich für die
Geschichte als wichtig empfunden habe. Ich bin keine
Psychologin und habe alles in meinen eigenen Worten
wiedergegeben. Die Geschichte von Janna und Didi ist
mir sehr wichtig und ich bin glücklich darüber, sie mit
dir teilen zu dürfen.

Viel Spaß beim Lesen!
Deine Schorny

Prolog

Ich liebe Geschichten, in die man einfach so hineingeworfen wird. Geschichten, die keinen Erzähler haben, der alles weiß. Sondern die, die von Menschen erzählt werden, die sie selbst erlebt haben oder zumindest dabei waren. Im wahren Leben ist es doch auch so: manchmal passieren Dinge oder es treten einfach so Menschen in dein Leben, ohne dass ein Erzähler vorher Zeit hatte, dich vorzuwarnen.

In manchen Situationen meines Lebens hätte ich mir solch einen Erzähler allerdings gewünscht. Wie gern hätte ich einen Erzähler, der mir Dinge ankündigt, die als nächstes passieren: *Sie steht auf, um zur Schule zu fahren, doch der Bus kommt nicht,* oder *Sie nimmt das Glas in die Hand, ohne zu ahnen, dass es ihr gleich runter fallen würde.* Wie viel Stress wäre mir bisher wohl erspart geblieben?

1

Der Schöne und das Biest

In den ersten beiden Stunden haben wir Deutsch: literarische Werke des Naturalismus. *Es interessiert sie überhaupt nicht*, hätte mein Erzähler jetzt gesagt. Dementsprechend gelangweilt starre ich Löcher in die Luft und hoffe, die Zeit würde schneller vergehen.

Wer war dieser Gerhart Hauptmann und warum war er nicht in der Lage, vernünftig Deutsch zu reden? Eigentlich ist mir das egal, ich mochte Goethe sowieso immer lieber. Bis jetzt habe ich noch keinen Schriftsteller entdeckt, den ich so gut finde, wie ihn, weshalb ich mich weigere, die Biografie dieses Möchtegern Ich-Kann-Kein-Deutsch-Und-Werde-Trotzdem-Berühmt-Dichters weiter anzuhören.

Mit beiden Händen fahre ich mir durch die Haare und

binde sie zu einem Zopf zusammen. Anschließend stütze ich meinen Kopf mit meinen Händen und beginne langsam, mir die Schläfen zu massieren. Ich kriege leichte Kopfschmerzen und muss mich sehr darauf konzentrieren, nicht wegzunicken.

»Pssst«, ertönt es eine Reihe hinter mir und hält mich gleichzeitig vom Einschlafen ab.

»Gehen wir gleich in der Pause eine rauchen?«, fragt mich Kayla.

»Klar«, antworte ich, ohne weiter darüber nachzudenken.

»Cool, ist echt dringend, konnte das ganze Wochenende nicht. Familienfeier«, gibt sie zurück und verdreht dabei die Augen. Ich weiß, wie Kayla sich verhält, wenn sie gezwungenermaßen einen Entzug machen muss. Sie ist seit vier Jahren meine beste Freundin und man kann an einer Hand abzählen, wie oft wir uns gestritten haben, aber vier von fünf Streits sind entstanden, weil Kayla entweder nicht rauchen oder keinen Kaffee trinken konnte.

Ich will nicht sagen, Kayla sei extrovertiert, aber sie ist von uns beiden diejenige, die die meiste Zeit redet. Das stört mich nicht und hat mich auch noch nie gestört, wir ergänzen uns quasi super. Dass sie ihr Mitteilungsbedürfnis im Unterricht ausleben möchte stört Frau Meyer, unsere Deutschlehrerin, allerdings schon – und das behält sie nicht lange für sich.

Man braucht nur den Mund aufzumachen um Luft zu holen, für den Satz den man gerade sagen möchte, und man sieht die Kreide schon in seine Richtung fliegen.

»RUHE«, schreit sie, wobei nicht gerade wenig Speichel den Ausgang aus ihrem Mund findet. Danke, jetzt bin ich auch endlich wach.

Frau Meyer richtet ihr Gebiss, schiebt ihre Brille mit dem rechten Mittelfinger (Zufall? Ich denke nicht) wieder zurück auf ihre Nase und dreht sich zur Tafel um. Frau Meyer sieht jeden Tag gleich aus: Sie trägt immer ein Kleid, das sie scheinbar vor sechzig Jahren auch schon getragen hat, und eine Strumpfhose aus Wolle, die ihre viel zu dünnen Beine verdeckt. Seit Jahren rätseln wir, wie alt sie wohl ist, aber bei einer Sache waren wir uns schnell einig: Die Rente mit dreiundsechzig Jahren hatte sie eiskalt ignoriert.

Punkt halb zehn klingelt es zur Pause. Kayla hat ihre ganzen Sachen schon eingepackt und kommt zu mir an den Platz.

»Janna, ich gehe schon mal vor, kommst du gleich nach?«, fragt sie und bevor ich antworten kann, rennt sie aus dem Klassenzimmer. Ungefähr in der Geschwindigkeit eines Rehs, das nachts die Landstraße überquert. Mit gehen hat es also eher wenig zu tun.

Ich laufe aus dem zweiten Stock des Schulgebäudes nach unten in Richtung Pausenhof und nehme mit Absicht den längeren Weg, der am Vertretungsplan vorbeiführt. Nein, keine Vertretung, kein Ausfall. Meine Hoffnungen auf einen längeren, freien Nachmittag sind somit zerstört.

Also laufe ich schlecht gelaunt und genau so müde, wie vor der ersten Stunde, über den Schulhof; zu dem Platz, an dem sich alle Schüler zum Rauchen treffen. Vielleicht hätte ich mich von Frau Meyer noch einmal anschreien lassen soll, für ein paar Augenblicke war meine Müdigkeit nämlich hinfort. Auf dem Weg zur Raucherecke mache ich mir Gedanken darüber, warum meine Klasse für Frau Meyer noch keinen blöden Spitznamen gefunden hat. Na ja, vermutlich haben alle zu sehr Angst vor ihr.

Ich sehe Kayla schon mit einer Zigarette in der Hand auf mich warten. Ich selbst rauche eigentlich nicht, da ich aber außer Kayla nicht viele Freunde in der Schule habe, bleibt mir in den Pausen meist nichts anderes übrig, als meine Zeit in der Raucherecke zu verbringen. Kayla sieht, im Gegensatz zu vorhin im Unterricht, sehr glücklich aus.

Ich stelle meinen Rucksack auf den Boden und setze mich daneben.

Das ist so eine Angewohnheit von mir, entweder auf dem Boden oder auf Fensterbrettern zu sitzen. Kayla setzt sich zu mir, weil sie sich immer blöd vorkommt, neben mir zu stehen, wenn ich auf dem Boden sitze. Sie fühlt sich dabei so riesig, obwohl sie, genau wie ich, nur einen Meter fünfundsechzig groß ist.

Es dauert nicht lange, da gesellt sich Rick zu uns. Ein Typ aus unserem Jahrgang, der circa zwei Meter groß ist, silbern gefärbte Haare hat und offen zu seiner Homosexualität steht. Rick ist jemand, der sich eigentlich mit jedem gut versteht, aber eben nicht mehr. Im letzten Schuljahr sind er, Kayla und ich aber ziemlich gute Freunde geworden. Außerdem ist Rick der Grund, warum ich Kayla nicht als extrovertiert beschreiben würde. In der achten Klasse waren die beiden mal ein Paar für zwei Wochen oder so, bis er sich als schwul geoutet hat. Kayla hat eine Weile an sich selbst gezweifelt, weil sie dachte, es würde an ihr liegen, aber ich finde es nach über vier Jahren immer noch witzig, weil es eigentlich ziemlich offensichtlich war, dass Rick schwul ist. Wahrscheinlich war sie nur die Alibi-Freundin, die Rick seinen Eltern vorstellen musste. Aber ich, eine Person, die nicht in der Lage ist, eine Beziehung zu führen und sich ständig in Menschen verliebt, die unerreichbar sind, sollte mich eher nicht zu weit aus dem Fenster lehnen.

»Wollt ihr wissen, wen ich am Wochenende kennengelernt habe?«, fragt Rick ganz euphorisch. Um ehrlich zu sein, bin ich nicht allzu gespannt, wie ich es als gute Freundin eigentlich sein sollte. In letzter Zeit hat Rick alle paar Wochen jemand anderes kennengelernt und ich glaube, er denkt, er würde über Tinder seine große Liebe finden.

»Zeig her«, sagt Kayla, die sich bereits eine weitere Zigarette angesteckt hat.

Er zeigt uns ein Bild auf seinem Handy.

»Er heißt Jay«, sagt Rick.

Wahnsinn, denke ich. Davon hatten wir schon zwei.

»Sieht nett aus«, bemerkt Kayla und erkundigt sich nach seinem Alter.

»24«, antwortet Rick mit einem riesigen Grinsen im Gesicht. Damit ist er noch nicht mal der älteste Freund, den Rick bisher hatte. Ricks Freunde sind grundsätzlich immer mindestens fünf Jahre älter als er. Wenn wir solche Situationen nicht ständig hätten, würde ich ihm vielleicht glauben, dass es diesmal *etwas ganz Besonderes* sei.

Es klingelt zur dritten Stunde und die Frühstückspause ist somit beendet. Kayla drückt ihre Zigarette am Mülleimer aus und schmeißt den Filter weg. Rick verabschiedet sich, immer noch breit grinsend, und sagt, wir würden uns später nochmal sehen. Auch Kayla und ich gehen zum Unterricht.

Nach Schulschluss mache ich mich auf den Weg zum Parkplatz, auf dem ich jeden Tag an der gleichen Stelle parke. Kayla wartet bereits an meinem Auto, das sie liebevoll Carlos getauft hat, auf mich. Offensichtlich hat sie früher Schluss gehabt. Kayla ist der Meinung, dass jedes Auto einen Namen braucht. Ich war damit einverstanden, wollte aber, dass das Wort Auto inhaltlich im Namen auftaucht, also heißt es *Carlos*.

Carlos ist ein gelber VW Polo, der seine besten Jahre echt schon hinter sich hat, aber seinen Job noch gut meistert. An seinem Rückspiegel hängt ein Duftbäumchen, das nach Aprikose riecht und unter der Heckscheibe habe ich einen Aufkleber platziert, der *Vorsicht Fahranfänger* sagt. Mein Gedanke dahinter war, dass die Leute in den Autos hinter mir vielleicht weniger ausrasten, wenn ich an der Kreuzung den Motor abwürge, und sich einfach *blöder Fahranfänger* denken und weitefahren. Solche Situationen lösen bei mir nämlich schnell mal eine Panikattacke aus und dies versuche ich so gut es geht zu vermeiden.

»Lass uns noch was machen«, ruft Kayla mir zu und ich nicke. Ich öffne den Wagen, wir legen unsere Rucksäcke auf die Rücksitzbank und Kayla klettert neben mir auf den Beifahrersitz.

Kurz nachdem wir eingestiegen sind, parkt Herr Diehl direkt gegenüber von uns, sodass wir ihm quasi direkt in die Augen schauen können. Er ist der Grund, weshalb ich nicht weiß, ob ich es lieben oder hassen soll, zur Schule zu gehen. Einerseits sehe ich ihn echt gerne an, weil er so gut aussieht, dass man eigentlich keine andere Wahl hat, als ihn anzusehen. Andererseits will ich ihn nicht ansehen, weil es nichts an der Tatsache ändern würde, dass er unerreichbar für mich ist. Ich hatte noch nie einen Freund und habe nur eine Vermutung, wie es ist, verliebt zu sein. Aber ich kann nicht in ihn verliebt sein, dafür kenne ich ihn zu wenig. Schon seit mehreren Monaten denke ich jeden Tag an ihn und auch wenn dieses Gefühl ihm gegenüber Merkwürdigkeit mit sich bringt, finde ich Gefallen daran und möchte eigentlich nicht, dass es weggeht.

»Uhhh«, ertönt es von meinem Beifahrersitz, kombiniert mit einem Grinsen, das von hier bis nach Mumbai reichen würde. Sich in unangenehmen Momenten unauffällig verhalten ist übrigens auch keine Stärke von Kayla.

Wie das Schicksal es will, schaut Herr Diehl genau in diesem Moment zu uns. Ich rutsche langsam meinen Sitz herunter, um mich hinter dem Lenkrad zu verstecken. Ich lächle, doch wäre am liebsten unsichtbar gewesen. Er lächelt zurück - vermutlich aus Mitleid oder so. Kayla findet die Situation offensichtlich lustig und mag es, mich zu ärgern, wenn es um ihn geht.

Herr Diehl ist schon längst ausgestiegen und auf dem Weg zur Schule, doch Kayla hört nicht auf zu grinsen. Ich denke darüber nach, warum er nach Schulschluss nochmal zur Schule fährt. Hm, vermutlich hat er etwas vergessen oder so.

Ich halte es für eine gute Idee, loszufahren.

»Was ist es?«, fragt mich Kayla.

»Was?«

»Na was findest du so gut an ihm?«, fragt sie, doch ich schweige und bin in Gedanken immer noch bei ihm und seinem Lächeln.

»Er ist doch voll der Spießer. Und außerdem ist er verheiratet.«

Diese Aussage führt nicht dazu, dass ich Freudensprünge machen möchte. Kayla hat, was emotionale Unterstützung angeht, manchmal das Feingefühl eines Braunkohlebaggers.

»Ich will da jetzt nicht drüber reden«, sage ich und drehe das Radio lauter. Es läuft *The Greatest* von Sia und ich bekomme auf einmal richtig gute Laune und singe das Lied leise mit. Generell lässt mich ihre Musik besser fühlen.

Der Weg von der Schule bis zu mir nach Hause war nicht allzu weit, weshalb ich wenige Minuten später bei uns in der Einfahrt parke. Wir nehmen unsere Sachen von der Rücksitzbank und ich schließe den Wagen ab. Ich brauche nicht in meinem Rucksack nach meinem Schlüssel suchen, weil ich sehe, dass das Gartentor offensteht. Also laufen wir durch den Garten, weil ich davon ausgehe, dass sich mein Vater dort irgendwo aufhält.

»Hallo, Janna!«, ruft mein Vater, als er mich sieht.

»Hi, Papa«, sage ich und nun entdeckt er auch Kayla. Mein Vater liegt auf einer Gartenliege und strickt eine Mütze. Er hat komische Hobbys. Außerdem ist es Sommer.

»Wie ich sehe, hast du deine Freundin mitgebracht. Essen steht auf dem Herd«, sagt er und schenkt seine Aufmerksamkeit wieder der Mütze.

Nachdem meine Mutter uns verlassen hatte ist er der Meinung, er müsse rund um die Uhr für mich da sein, weil ich sonst Verlustängste bekommen würde. Hat er in einem Ratgeber gelesen oder so. Also sucht er sich nur noch Hobbys, die man Zuhause ausführen kann, damit er immer bei mir oder zumindest in Reichweite ist. Als er an Fengshui, dem Züchten von Zierkürbissen und einem Internetblog für alleinerziehende Väter gescheitert ist, versucht er nun sein Glück beim Stricken.

Kochen ist eines der Hobbys, welches er erfolgreich meistert, stellen Kayla und ich fest, als wir uns jeweils einen Teller Lasagne mit auf mein Zimmer nehmen.

»Hab' ich dir schon mal gesagt, dass du total der Freak bist?«, fragt Kayla, während sie das riesige Poster von Goethe an meiner Wand anstarrt und dabei so tut, als würde sie es zum ersten Mal sehen.

»Danke, ich hab' dich auch lieb«, antworte ich sarkastisch. »Und ja, hast du, circa einhundert Mal schon.«

»Du weißt, dass ich das nicht so meine«, sagt sie und setzt sich auf mein Bett. Ich antworte nicht.

»Ich staune ja, dass Didi da noch nicht hängt«, sagt sie und fängt an zu lachen. Wenn wir über Herrn Diehl sprechen, sagen wir immer nur Didi, sodass keiner merkt, dass wir über ihn sprechen. Na gut, vielleicht finde ich es auch ein bisschen witzig, denn eigentlich kann man darüber nur lachen. Ein achtzehnjähriges Mädchen und ein neununddreißigjähriger Mann (das habe ich seinen Erzählungen entnommen), klingt fast ein bisschen wie die Geschichte aus Faust 1. *Für alle Kulturbanausen: der Opa schwängert die Vierzehnjährige.*

»Auf die Idee bin ich noch gar nicht gekommen, danke«, sage ich und setze mich zu Kayla aufs Bett.

Ich bin gerade dabei, meine Lasagne zu essen, als die Stimme in meinem Kopf plötzlich wieder anfängt zu reden. Eigentlich ist es nicht wirklich eine Stimme, aber ich habe das Gefühl, dass sich jemand für kurze Zeit in meinen Kopf einnistet und das mehrmals am Tag. Oft habe ich dabei Gedanken, die ich mir nicht erklären kann oder empfinde auf einmal Gefühle wie Trauer, die gar nicht zur Situation passen. Es ist, als würde ein Parasit in meinem Kopf leben, der sich ab und zu mal blicken lässt, wenn ihm gerade danach ist.

Irgendwann dachte ich, es sei besser, mich damit abzufinden, irgendwie komisch oder anders zu sein. Wenn ich nämlich versuche, gegen diesen Parasiten anzukämpfen, wird es meistens nur noch schlimmer. Ich habe ihm einen Namen gegeben, er heißt: das Biest. Das Biest steht stellvertretend für all die komischen Sachen, die mein Kopf macht und auf die ich keinen Einfluss habe. Das Biest schaut in unregelmäßigen Abständen vorbei, aber immer dann, wenn es gerade überhaupt nicht passt. Besuch zu haben ist eine dieser Situationen. Das Biest taucht auch auf, wenn ich versuche, etwas zu verdrängen. Wahrscheinlich will es mich nur freundlich darauf hinweisen, dass es da Sachen gibt, die dringend verarbeitet werden müssten.

Manchmal, wenn ich von dem Biest sehr genervt bin, fange ich an, mit ihm zu reden. Das sorgt meistens für Verwirrung bei Außenstehenden, weil es außer mir niemand wahrnehmen konnte (wie auch, es war in meinem Kopf).

»Geh jetzt weg!«, sage ich und stütze meinen Kopf mit meinen Händen.

»Wieso?«, fragt Kayla.

»Nein, dich meine ich nicht.«

Kayla schaut mich fragend an. Die Lieblingsbeschäftigung des Biestes ist es, mir einzureden, ich würde sämtliche Krankheiten bekommen oder aus unerklärlichen Gründen bald sterben. Mit Logik hat das alles gar nichts zu tun.

Iss die Lasagne lieber nicht. Wenn du dich aus Versehen verschluckst und Teile von deinem Essen in deine Lunge gelangen, wirst du ersticken.

Ich versuche, es zu ignorieren.

Wer weiß, wie schnell die anderen reagieren und wie schnell Hilfe kommen würde.

Was soll schon passieren, denke ich. Schließlich esse ich jeden Tag mehrmals, warum soll ausgerechnet jetzt etwas passieren. Dennoch bekomme ich Panik, wie jedes Mal, wenn das Biest auftaucht. Ich bin mir nie sicher, wie viel Einfluss es wirklich auf mich hat und deswegen bekomme ich Angst, etwas Unüberlegtes zu tun und mache immer das, was es sagt.

»Alles okay bei dir?«, fragt Kayla ein wenig hilflos.

»Alles gut, ich muss nur mal kurz meinen Parasiten bekämpfen«, sage ich und mache mich auf den Weg ins Badezimmer.

Ich hatte Kayla von dem Biest erzählt. Jedoch findet sie es immer noch schwierig, nachzuvollziehen, was da passiert. Ich nehme ihr nicht übel, dass sie es sich nicht vorstellen kann.

Ich drehe den Wasserhahn auf und spritze mir kaltes Wasser ins Gesicht. Kurz sehe ich alles verschwommen. Als ich zum dritten Mal versuche, tief durchzuatmen, klappt es und es geht mir besser. Heute ist es Gott sei Dank nicht so schlimm.

Als ich zurück in mein Zimmer komme, ist Kayla schon fertig mit dem Essen. Mir ist allerdings der Appetit vergangen.

»Lass uns fernsehen«, sagt sie und ich schalte den Fernseher ein. Ablenkung klingt gut, das brauche ich jetzt. Wir sehen uns eine Reportage über Menschen an, die versuchen, die Welt zu einem besseren Ort zu machen.

Viele kleine Menschen können an vielen kleinen Orten in vielen kleinen Schritten die Welt verändern. Ich bewundere deren Einstellung und schaue dem Bericht gespannt zu.

Nachdem Kayla sich auf den Heimweg gemacht hat, habe ich noch ein paar Bücher im Internet bestellt und einen Eintrag in mein Tagebuch geschrieben. Danach kann ich in Ruhe einschlafen.

7. Mai 2017

Hallo Tagebuch,
Mein Kopf ist wie einer dieser Kuscheltierautomaten
im Einkaufszentrum: man kann so viele Münzen
reinstecken, wie man möchte, aber die Kuscheltiere
stecken so fest darin, dass man sie nicht
herausziehen kann. Ob ich es schaffe, sie
herauszuziehen, bevor das Biest meinen ganzen Kopf
damit vollstopft?

Gute Nacht,
Deine Janna

2

Wenn die Stimme in deinem Kopf mit dir redet, hat der gesunde Menschenverstand Sendepause

Heute Morgen haben wir, wie das Schicksal es will, zwei Vertretungsstunden Englisch mit Herrn Diehl. Er ist auch so unser Englischlehrer, nur haben wir diese beiden Stunden zusätzlich, da Frau Meyer aus unerklärlichen Gründen fehlt. Sie hat noch nie gefehlt. Für sie gibt es keinen Grund, auf der Arbeit zu fehlen. Wahrscheinlich haben die Krankheiten mehr Angst vor ihr, als sie vor ihnen, weswegen sie auch nie welche bekommt.

Ich sitze in der zweiten Reihe am Fenster und Kayla auf dem Platz direkt hinter mir. Ich bin sehr bemüht, mich so unauffällig wie möglich zu verhalten. Aber gerade in solchen Situationen ist man doch irgendwie am auffälligsten. Einerseits will ich, dass er mich bemerkt und ich für ihn nicht nur eine von vielen Schülern bin. Andererseits will ich die Vorstellung vom perfekten Didi in meinem Kopf weiterleben und mich nur ungern in unangenehme Situationen bringen.

In meinem Kopf laufen ständig Gespräche ab, die zwischen mir und ihm stattfinden können. Jedes Gespräch, das, warum und wie auch immer, stattfinden könnte, habe ich in meinem Kopf schon mindestens einmal durchgesprochen. So dachte ich, auf jede Situation vorbereitet zu sein, doch wenn er eine Konversation mit mir startet, vergesse ich, wie man redet.

Ich stelle mir ein Gespräch zwischen uns vor, in dem wir über die Zeit lachen, in der ich noch heimlich in ihn verliebt war. Ach, weißt du noch damals, als du dich noch nicht getraut hast, mir deine Gefühle zu gestehen? Das waren Zeiten, sag ich dir! Wir lachen und alles ist perfekt. Am Arsch.

Er steht vor unserer Klasse und redet. Er redet viel und das mag ich. Er hat eine sehr angenehme Stimme, seine Augen strahlen, wenn er von Dingen erzählt, die ihn begeistern, und er lacht viel.

Didi trägt ein hellblaues Hemd, das fast weiß war, welches so akkurat in seine dunkle Hose gesteckt ist, dass es weder zu streng noch zu lässig aussieht. Es steht ihm ausgezeichnet. Da er fast vierzig Jahre alt ist, hat er schon ein paar graue Haare, was mich nicht stört, weil es ihm ebenfalls gutsteht. Ich sitze auf meinem Platz und merke anscheinend nicht, dass ich ihn die ganze Zeit anstarre und dabei von oben bis unten mustere.

»Ist alles in Ordnung?«, fragt er mich und schon während er es ausspricht, wünsche ich mir, er hätte mich einfach weiter starren lassen. Mit seiner Frage reißt er mich aus meinen Gedanken. Auf keine Frage, die er mir stellen könnte, wäre ich jetzt vorbereitet. Also antworte ich nicht, so fragend er mich auch ansieht. Ich nicke und lächle. Er lächelt zurück. Dieses Lächeln konnte selbst dem depressivsten Menschen auf der Erde ein Lächeln ins Gesicht zaubern, was es nicht unbedingt leichter macht, mit dem Starren aufzuhören. Er fährt mit seinem Unterricht fort und ich habe das Gefühl, die ganze Klasse starrt mich an. Oh man, wie peinlich.

Ich erinnere mich an Kaylas Worte, was es denn sei, das ich an ihm gut finde. *Das Gesamtpaket* schießt mir als erstes durch den Kopf. Didi hat eine besondere Art, mit anderen Menschen umzugehen. Er ist immer sehr ausgeglichen und freundlich und außerdem sehr professionell in seiner Arbeit. Er wirkt teilweise so unnahbar. Dennoch kann man mit all seinen Problemen zu ihm gehen, wann immer man will, er hat immer eine Lösung parat. Na gut, für mein Problem wahrscheinlich eher nicht, aber für alle anderen immer und jederzeit.

»Autsch!«, ruft es vom Platz hinter mir. Ich drehe mich um und sehe, dass Kayla in ihrem Auge reibt.

»Was ist denn?«, frage ich sie.

»Ist es nicht ironisch, dass deine Wimpern deine Augen

schützen sollen, aber wenn du mal was im Auge hast, ist es eine Wimper?«

»Ja«, sage ich. Gott sei Dank beschäftigt sich hier jemand mit den wichtigen Fragen des Lebens, denke ich mir. Schnell richtet sich meine Aufmerksamkeit wieder etwas ganz anderem.

»Nächsten Donnerstag findet das Theaterstück Der Sturm von Shakespeare um neunzehn Uhr im Theater statt, kommt jemand von euch dahin?«, fragt Didi ganz erwartungsvoll. Alle schauen sich gegenseitig fragend an oder auf dem Boden, um Blickkontakt mit ihm zu vermeiden.

»Ich gehe doch nach der Schule da nicht freiwillig hin«, sagt Alex aus der letzten Reihe, der sowieso nur das Nötigste für die Schule macht. Ich schaue zu Kayla.

»Gehen Sie da auch hin?«, fragt sie Didi, weil sie an meinem Blick erkannt haben muss, dass mir genau diese Frage durch den Kopf geht.

»Ja«, sagt er, »natürlich.«

Für mich steht fest, dass ich dort unbedingt hingehen muss.

Die Stunde ist vorbei und Kayla und ich gehen zusammen auf den Schulhof.

»Wir müssen dahin«, sage ich aufgeregt, während sich neue Gespräche zwischen mir und Didi in meinem Kopf abspielen. Ich werde ganz hibbelig.

»Aber das ist Shakespeare«, sagt Kayla.

»Meinst du, ich will dahin, weil mich das Theaterstück interessiert?«

Vermutlich ahnt sie, dass ich mich mit jeder Antwort, die nicht bestätigt, dass sie mitkommt, nicht zufriedengeben werde.

»Na gut, ich komme mit«, sagt sie und ich bin ihr so unendlich dankbar. Ich will gerade darüber nachdenken, was ich anziehen werde, als Rick auf uns zukommt und das Gespräch mit uns sucht.

»Na Ladies, am Wochenende schon was vor?«, fragt er. Kayla und ich schauen uns an und dann wieder zu Rick.

»Nein«, sagen wir gleichzeitig.

»Super! Jetzt schon«, sagt er und klatscht euphorisch mit seinen Händen.

»Jay und ich wollen am Strand zelten und ich habe so viel von euch erzählt, das wird so cool, dass ihr ihn endlich kennenlernt!« Kaum hat Rick den Satz ausgesprochen, ist er auch schon wieder verschwunden.

Eigentlich finde ich die Idee gar nicht so schlecht. Ein bisschen Ablenkung wird mir sicher ganz guttun und außerdem freut es mich sehr für die beiden, dass sich scheinbar etwas Ernsthaftes entwickelt.

Rick kommt zu uns zurück, nicht weniger strahlend als vorher.

»Samstag um sieben bei Janna, wir holen euch ab«, und er ist wieder verschwunden.

»Ja, tschüss«, sage ich, ohne, dass er es hört.

Carlos und ich haben heute allein das Vergnügen miteinander, da Kayla etwas anderes vorhat. Was sie genau macht, wollte sie mir allerdings nicht verraten. Jedenfalls ist mir nie wohl dabei, alleine Auto zu fahren. Generell vermeide ich es, allein zu sein. Oft rede ich mir ganz selbstbewusst ein, dass ich schon alleine klarkomme und nicht auf Menschen um mich herum angewiesen bin. Das geht so lange gut, bis das Biest auftaucht.

Ich starte den Motor, auch wenn ich mich dabei unwohl fühle. Krampfartig versuche ich, an etwas anderes zu denken. Schließlich werde ich gleich Zuhause sein, dann wird alles gut. Dennoch merke ich, wie sich der unerwünschte Mitbewohner in meinem Kopf langsam bemerkbar macht. Der Weg nach Hause fühlt sich wie eine Ewigkeit an, Minuten werden zu Stunden.

Was wäre, wenn dir etwas passiert? Du könntest einen Unfall bauen, zu dem jede Hilfe zu spät kommt. Ich kann dafür sorgen, dass dir schwindelig wird und du nichts mehr siehst. Du hast weder die Kontrolle über dich, noch über das Auto. Schön blöd, dass du allein im Auto sitzt. Wäre deine beste Freundin mitgekommen, wäre ich wohl gar nicht erst aufgetaucht.

Mir wird schlecht. Ich sehe alles verschwommen und habe das Gefühl, ich müsste mich jederzeit übergeben. Was ist los mit mir? Schon oft habe ich die Heimfahrt alleine meistern können. Ich rede mit dem Biest, sage ihm, dass es verschwinden soll. Ich habe keine Probleme, weit entfernte Dinge zu erkennen – meine Augen funktionieren noch super. Doch wenn das Biest auftaucht, kann ich noch höchstens einen Meter weit sehen, der Rest ist verschwommen. Ich fange an zu zittern und zu schwitzen. Meine Hände sind schon ganz nass. Mir ist heiß und kalt zugleich. Die Übelkeit wird schlimmer und ich halte es für eine gute Idee, anzuhalten, um nicht das Risiko einzugehen, Carlos vollzukotzen.

Ich halte in einer kleinen Seitenstraße und stelle den Motor ab. Ich steige aus dem Wagen und laufe intuitiv zum nächstbesten Busch. Ich muss mich übergeben. Ich musste mich schon lange nicht mehr übergeben, doch seitdem das Biest in mir wohnt, ist mir ständig übel. Jetzt stehe ich hier und übergebe mich und das einzige, was ich in dem Moment denken kann, ist: hoffentlich kriegt es keiner mit.

Ich setze mich so schnell wie möglich zurück in mein Auto. Ich zittere immer noch und fange an zu weinen. Ich will nicht so sein, denke ich mir. Warum bin ich so?

Ich beschließe, meinen Vater anzurufen. Ich muss jetzt dringend eine vertraute Stimme hören, die mich beruhigt. Es klingelt zweimal, bis Papa den Hörer abnimmt. Er weiß Bescheid, denn eigentlich hasse ich es, zu telefonieren. In solchen Situationen brauche ich es aber und er stellt keine Fragen, sondern ist einfach da. Er weiß wiederum immer, dass es wichtig ist, wenn ich ihn anrufe. Wichtig heißt in dem Fall, dass ich mir einbilde, einen Nervenzusammenbruch zu bekommen.

»Hallo, Papa«, sage ich, »kannst du bitte einfach nur am Telefon bleiben und mir irgendetwas erzählen? Ich muss eine vertraute Stimme hören.« Ich bin nervös.

Ohne zu zögern oder auch nur nachzufragen, fängt er an zu reden. Ich bin erleichtert. Mein Vater hat verstanden, dass er solche Situationen noch verschlimmern würde, wenn er sich Sorgen machte. Er weiß, was er tun muss, dass es mir besser geht.

Papa erzählt mir immer irgendetwas, das gar keinen Zusammenhang hat. Ich kann danach auch nie sagen, was er mir erzählt hat, ich genieße es einfach, seine Stimme zu hören.

»Wusstest du, dass der kälteste Ort der Welt auf einem etwa viertausend Meter hohen Plateau in der Ostantarktis liegt? Dort haben Forscher anhand von

Satellitendaten im Juli 2010 minus dreiundneunzig Grad Celsius gemessen.«

Ich schweige und mein Vater redet weiter.

»Der kälteste bewohnte Ort der Erde liegt in Oimjakon, irgendwo in Sibirien. Dort haben sie vor etwa neunzig Jahren eine Temperatur von circa minus einundsiebzig Grad Celsius gemessen. In der Region leben sogar vierhundertfünfzig Menschen.«

»Erzähl weiter, Papa«, sage ich nur.

»Ach übrigens, deine Tante hat mich vorhin angerufen und einfach nicht aufgehört zu erzählen", fährt er fort.

»Ich kenne jetzt alle Geschichten von Nachbarin Hilde, dabei habe ich keine Ahnung, wer die eigentlich ist. Auf jeden Fall weiß ich jetzt von ihren Verdauungsproblemen, die sie seit Tagen hat. Vermutlich verträgt sie keine Linsen. Eigentlich dachte ich, ich telefoniere mit ihr während ich die Bügelwäsche erledige. Nun ja, ich hatte außerdem noch Zeit, das ganze Haus aufzuräumen und Essen zu kochen. Bist du denn schon unterwegs? Das Essen ist schon fertig.«

»Ja, ich bin auf dem Weg«, antworte ich und erzähle besser nichts von meinem kleinen Zwischenfall.

»Oh, das ist ja schön. Und wusstest du, dass man Tomaten eigentlich gar nicht in den Kühlschrank legen darf, weil sie dort keine Aromastoffe bilden können? Man soll sie bei zwölf bis sechzehn Grad lagern, hat mir deine Tante am Telefon erzählt und ich habe recherchiert, es stimmt wirklich! Meine Güte, ich habe es all die Jahre falsch gemacht!«

»Es sei dir verziehen«, schmunzle ich.

Ich parke Carlos in der Einfahrt, nehme meinen Rucksack

und gehe ins Haus. Dort verteilt sich bereits der Geruch der Nudeln, die Papa gekocht hat.

»Schön, dass du da bist«, sagt Papa.

Er hatte den Tisch schon für zwei Personen gedeckt. Die Sitzordnung von damals, als Mama noch da war, haben wir beibehalten, nur dass ihr Stuhl leer bleibt. Papa stellt das Essen auf den Tisch, doch der Appetit ist mir irgendwie vergangen.

Ich stochere ein wenig in meinem Essen herum und mein Vater fragt mich, wie mein Tag so war.

»Nächste Woche findet ein Theaterstück statt, im Rahmen des Englischunterrichts. Kayla und ich wollen dahin. Und am Wochenende fahren wir mit Rick und seinem neuen Freund zelten«, versuche ich mich kurzzufassen.

»Klingt gut. Schön, dass du wieder öfter rausgehst«, sagt Papa. Anschließend fragt er, ob ich heute noch etwas vorhätte. Ich antworte, dass ich schon sehr müde sei und vielleicht noch ein bisschen lesen werde, sonst aber nichts vorhabe.

Ich liege tatsächlich auf meinem Bett und lese, nämlich die Biografie von William Shakespeare. Bisher habe ich mich noch nicht wirklich mit ihm beschäftigt. Nachdem ich Goethe entdeckt hatte und mich sehr für seine Werke begeistern konnte, haben mich nur wenig andere Autoren überzeugen können. Falls es Biografien von Autoren gab, las ich diese, bevor ich mich deren Werken widmete. Anlässlich des Theaterstücks nächste Woche dachte ich also, ich könnte mich mal über Shakespeare belesen.

Irgendwie schweife ich aber ständig mit meinen

Gedanken ab und träume vor mich hin. So richtig aufnahmefähig bin ich nach diesem Tag irgendwie nicht mehr.

Ich lege das Buch nach einer Weile weg und schalte meine Leselampe aus. Mein Zimmer wird nur noch durch das Licht des Mondes, welches durch mein Fenster scheint, beleuchtet. Ich lege mir ein Kissen in den Nacken und schaue das Poster von Goethe an, welches gegenüber an meiner Wand hängt. Ich denke darüber nach, wie der Ausflug am Wochenende wohl wird und ich denke an das Biest und an Didi. Wenn das Biest einmal da war, kam es selten noch ein zweites Mal an einem Tag. Ich schließe die Augen und es dauert nicht lange, bis ich einschlafe.

3

Freunde sind wie Therapeuten, mit denen
man was trinken kann

Wie verabredet stehen Rick und Jay pünktlich um sieben Uhr bei mir vor der Tür. Kayla kam schon eine Stunde früher zu mir und wir hatten Carlos bereits mit unseren Sachen beladen. Es war mehr mein Vater, der die Sachen packte, weil er aus unerklärlichen Gründen aufgeregt war. Und das, obwohl er nicht mal mitkommt. Eigentlich ist Carlos gar nicht für Urlaube geeignet, wenn man nach der Größe des Kofferraumes geht. Dennoch hat alles irgendwie in den Wagen gepasst, auch wenn die Jungs auf der Rückbank nicht allzu viel Platz haben, da wir das restliche Gepäck dort hineinstopften. Zusätzlich zu dem Zelt und unseren Rucksäcken haben noch vier Isomatten und Schlafsäcke und für jeden einen Campingstuhl ins Auto gepasst. Dass das alles hineinpasst überrascht mich, denn vorher war ich mit Carlos noch nie wirklich verreist. Ich habe immer zu viel Angst. Einerseits, weil Carlos nicht mehr das neueste Auto ist und andererseits, weil ich Angst habe, alleine zu verreisen. Aber diesmal sind noch andere Personen dabei, die sogar meine Freunde sind, also finde ich es nicht so schlimm.

Alle sitzen schon im Auto und ich will mich gerade von Papa verabschieden, als er mit einer Schüssel voll Teig für Stockbrot und einer Tüte Marshmallows angelaufen kommt. Ich höre Rick und Jay aufstöhnen, weil sie schon ahnen, auf wessen Schoß der Proviant mitreisen darf.

»Hast du an Mückenspray und warme Socken für die Nacht gedacht? Wir haben zwar schon Mai, aber nachts ist es trotzdem noch sehr kalt«, sagt er.

Mein Vater macht sich ständig Sorgen um mich und wenn ich unterwegs bin, muss ich mich ständig melden, dass er weiß, dass es mir gutgeht.

»Jetzt, wo ich über Nacht weg bin und du niemanden hast, auf den du aufpassen musst, könntest du ja mal wieder ausgehen«, sage ich, während wir uns umarmen.

»Ich weiß nicht, ob ich dafür schon bereit bin, aber ich werde mal darüber nachdenken.«

Ich laufe in Richtung Auto. Kayla sitzt vorne auf dem Beifahrersitz und Rick und Jay, die zwei Turteltäubchen, teilen sich die Rücksitzbank. Zufrieden sehen sie dabei aber nicht aus, unter dem ganzen Gepäck. Ich stelle fest, dass ich durch den Rücksitzspiegel nichts sehen kann. Aber was soll's, das lässt sich jetzt nicht ändern. Schließlich gibt es keine Alternative, wohin wir mit dem Gepäck ausweichen können. Ich war noch nie so froh darüber, der Fahrer zu sein.

»Hab dich lieb«, rufe ich Papa zu und schloss die

Autotür hinter mir.

»Ich dich auch«, ruft er zurück und geht nicht aus der Tür, bis wir die Einfahrt verlassen haben. Er winkt uns zu, als würden wir uns auf Weltreise begeben und erst in ein paar Monaten wieder zurückkommen.

Unser Haus ist nicht mehr zu sehen und ich orientiere mich anhand des Navis. Kurz denke ich an das Biest, dass es jeden Moment auftauchen kann, weil ich mir eine schöne Zeit mache.

Die ersten paar Minuten schweigen wir uns an, bis *Can't Hold Us* im Radio läuft und alle wie auf Kommando anfingen mitzusingen.

Can't we go back, this is the moment
Tonight is the night, we'll fight till it's over
So we put our hands up, like the ceiling can't hold us
Like the ceiling can't hold us

Ich lasse mein Fenster herunter und die Sonne strahlt mir ins Gesicht. Mich kann in diesem Moment nichts aufhalten, nicht mal dieses blöde Biest.

Während unserer Fahrt stellt sich heraus, wer welche Aufgabe im Auto hat. Der Fahrer ist ganz klar die Person mit der meisten Verantwortung. Keiner darf sterben, dann macht er seine Aufgabe gut.

Der Beifahrer, in diesem Fall Kayla, ist die zweitwichtigste Person im Auto. Der Beifahrer ist der DJ, der Verpfleger des Fahrers und muss sehr wichtige Fragen wie *Ist rechts frei?* beantworten.

Die Personen, die hinten sitzen, sind dafür verantwortlich, das Gepäck zusammenzuhalten. Man darf diese Aufgabe auf dieser Fahrt nicht unterschätzen.

Was soll ich sagen, letztendlich bin ich die Einzige, die ihre Aufgabe wahrnimmt.

Kayla nickt ab und zu weg, Rick hat entweder Hunger oder muss pinkeln und Jay beschwert sich, dass ihm die Füße einschlafen.

Wird so eine Situation besser, wenn man sich noch über die anderen beschwert? Nein. Also lächle ich einfach nur und stelle mir vor, welche Geschichte ich in zehn Jahren erzählen würde.

Weißt du noch damals, als alles perfekt abgelaufen ist? Wohl kaum.

Wir fahren zu einem Campingplatz, der circa zwei Stunden entfernt liegt. Er befindet sich an einem See, abgelegen von jeglicher Stadt, in einem kleinen Wald. Es ist sehr ruhig und idyllisch dort und eigentlich fahren hier nur Familien oder Rentner hin, um eine Auszeit zu genießen.

Wir parken auf einem Sandparkplatz, der direkt vor der Rezeption des Campingplatzes liegt.

Kayla und ich gehen hinein, während Rick und Jay draußen warten und ihre lang ersehnte Beinfreiheit genießen.

Die Rezeption ist frei von Menschen und auch an Möbeln auf das Nötigste reduziert.

Gegenüber von der Eingangstür steht ein Tresen und daneben ein Regal mit drei Flyern darin. Hinter dem Tresen sitzt ein alter Mann, der so betrunken ist, dass man seine Alkoholfahne mit Sicherheit bis nach Timbuktu riechen kann. Neben ihm stehen leere Bierdosen und ein Sack voller Pfandflaschen. Er schläft tief und fest, wie man seinem lauten Schnarchen entnehmen kann. Außerdem ist er sehr dick; dass er auf einem Stuhl sitzt, kann man nur erahnen, denn gesehen hat man keinen.

Kayla und ich tauschen Blicke aus und schnell sind wir uns einig, dass wir ihn nicht aufwecken wollen, sondern einfach wieder hinausgehen.

»Und, welche Platznummer haben wir?«, fragt Rick, sobald wir wieder in seinem Sichtfeld sind.

»Dürfen wir uns aussuchen«, sagt Kayla, auch wenn es nicht ganz der Wahrheit entspricht.

Im wachen Zustand interessiert es den Mann an der Rezeption bestimmt auch nicht, wer auf dem Campingplatz ein- und ausgeht. Denn egal ob wach oder schlafend, betrunken ist er ja immer noch.

Die Jungs zucken beide mit den Schultern und hinterfragen Kaylas Aussage nicht, sondern schnappen sich unser Gepäck und laufen los.

Kayla und ich folgen ihnen. Wir laufen über den gesamten Platz, um eine geeignete Stelle für unser Zelt zu finden, bis ich den Vorschlag mache, am Strand zu zelten, da wir es dort nicht so weit zum Wasser haben. Da wir sowieso nichts für die Nacht bezahlen, ist es also nur halb so schlimm, dass wir illegal dort zelten. Somit nehmen wir wenigstens nicht anderen Campern den Zeltplatz weg.

Was wir nicht bedacht haben, ist, dass es bereits dunkel sein würde, eh wir anfingen, das Zelt aufzubauen.

Kayla ist der Meinung, es sei die Aufgabe der Männer, das Zelt aufzubauen. Ich glaube eher, dass sie einfach keine Lust dazu hat, aber Fakt ist, wenn Kayla sich etwas in den Kopf setzt, bringt sie nichts und niemand davon ab.

Nur heute schon. Sie kann sich das Spektakel, das die beiden Jungs veranstalten, nicht länger mit ansehen. Letztendlich bauen wir also doch zu viert das Zelt auf. Gefühlte Stunden später sind wir fertig und haben das ganze Gepäck verstaut.

Anschließend suchen wir ein wenig Holz für ein Lagerfeuer zusammen und stellen unsere Campingstühle drum herum auf. Kayla und ich auf der einen Seite, Rick und Jay gegenüber auf der anderen.

Es ist schon dunkel, aber nicht so dunkel, dass man nichts mehr erkennen kann. Es ist die schöne Art von Dunkelheit, die einem keine Angst bereitet, sondern Dinge schöner wirken lässt.

Es ist keine einzige Wolke am Himmel, so kann man die Sterne umso besser sehen.

Keiner sagt etwas, denn alle starren ins Feuer. Es ist nicht diese peinliche Stille, weil wir uns nichts zu erzählen haben. Alle scheinen den Moment zu genießen.

Ich frage mich, was Menschen wohl denken, wenn sie ins Feuer schauen. Schauen sie es einfach nur an oder ist ein Lagerfeuer Anlass, über tiefgründige Dinge nachzudenken? Meistens erzählt man sich doch Geschichten, die mit *Weißt du noch...?* anfangen.

Ich mag Lagerfeuer.

Und ich mag meine beste Freundin, die, wie der Elefant im Porzellanladen, die Stille durchbricht. Kayla ist einfach ein Mensch, der viel zu erzählen hat. Wenn alle schweigen, scheint sie den Zwang zu haben, etwas zu erzählen.

Es gibt auch immer etwas zu erzählen. Ich dachte

eigentlich, ich würde alles über Kayla wissen, aber sie überrascht mich immer wieder aufs Neue.

»Ich muss dir was zeigen«, sagt sie und holt ihr Handy raus. Ich ahne Schlimmes.

»Vor einer Weile habe ich jemanden kennengelernt«, sagt sie in einem weniger erfreuten Ton.

Sie zeigt mir ein Bild eines jungen Mannes, der circa Ende zwanzig ist.

»Das ist Marco«, sagt Kayla.

»Sieht nett aus.«

»Ja, das dachte ich anfangs auch.«

Sie macht eine kurze Pause und sucht nach Chatverläufen in ihrem Handy.

»Aber?«, frage ich vorsichtig nach.

»Es hat sich herausgestellt, dass er voll der Psycho ist. Nach unserem ersten Treffen wollte er mich gleich am nächsten Tag wiedersehen und ich meinte, dass mir das zu schnell ging und blockierte ihn.« Kayla sieht traurig aus. Warum erzählt sie mir das erst jetzt?

»Aber am nächsten Tag hat er mich über eine neue Nummer angeschrieben und gesagt, er würde nicht aufgeben, bis ich *Seins* wäre«, fährt sie fort.

»Letztens ist er mir den ganzen Weg bis nach Hause gefolgt und erst als mein Vater ihm eine mehr als deutliche Ansage gemacht hat, ist er gegangen.«

Ich bin einerseits geschockt, andererseits weiß ich nicht, was ich antworten soll. Ich weiß ja am besten, dass der Kopf manchmal komische Dinge tut, die man nicht versteht. Der kleine, aber feine Unterschied ist aber, dass ich die Leidtragende meiner Psyche bin und nicht andere. Marco hat offensichtlich auch Probleme, für die Kayla jedoch nichts kann. Ich will Marco bestimmt nicht in Schutz nehmen, schließlich ist er der Grund, weshalb meine beste Freundin leiden musste.

»Er weiß aber nicht, wo du jetzt bist, oder?«, frage ich nach.

»Ich hoffe nicht. Also erzählt hab ich es ihm ganz bestimmt nicht.« Ich nehme Kaylas Hand.

»Du brauchst keine Angst zu haben, wir sind ja da.«

Falls dieser Typ hier auftauchen sollte, setze ich all meine Hoffnungen in die beiden Jungs, die momentan nicht den Eindruck machen, als könnten sie uns beschützen, weil sie nur damit beschäftigt sind, sich gegenseitig zu erzählen, wie toll sie sich finden. Irgendwie ist es bei den beiden ganz süß.

Ich kann von mir selbst weder behaupten, dass ich jemanden kennengelernt habe, noch, dass ich in einer glücklichen Beziehung bin. Ich bin ein hoffnungsloser Fall von einseitiger Liebe.

Ich will diesen Abend nutzen, um mich abzulenken. Ich bin mit den Gedanken bei Kayla und diesem Marco und dass ich wieder Panik kriegen würde, wenn der Typ hier auftaucht.

Aber schnell bin ich mit den Gedanken wieder bei Didi. Wie gerne wäre ich mit Didi in der Position von Rick und Jay.

Rick öffnet vier Bierflaschen und reicht jedem von uns eine.

»Ihr Süßen, lasst uns anstoßen«, sagt er und grinst über beide Ohren.

»Auf...«, beginne ich.

»Unsere Freundschaft«, sagt Kayla, wobei es mehr wie

eine Frage klingt.

»Oder auf die Liebe«, wirft Jay dazwischen und schaut Rick dabei so verliebt an, wie man jemanden nicht verliebter anschauen kann.

Kayla gibt ihm mit Blicken zu verstehen, dass das eine Scheißidee ist.

»Na gut, dann eben auf die Freundschaft.«

Wieder denke ich daran, dass das Biest gleich wieder auftauchen würde. Aber zu meiner Verwunderung tut es das nicht. Der Moment ist schön – also optimal für das Biest, ihn zu zerstören. Aber alles verläuft ganz normal und ich kann den Moment mit meinen Freunden genießen.

Wir sitzen noch eine Weile am Feuer und meine Gedanken an Didi entwickeln sich zu Sehnsucht. Ich fange an, ihn zu vermissen. Wir kennen uns nicht mal gut und haben, bis auf schulische Dinge, nicht viel miteinander kommuniziert. Vermutlich stehen wir auch nie näher als dreißig Zentimeter zusammen, trotzdem tut seine Nähe gut und ich vermisse sie.

Ich ziehe mir meine Kapuze über den Kopf, weil es mit der Zeit etwas frisch wurde.

Kayla zündet sich eine Zigarette an.

»Das vertreibt die Mücken«, ist ihre Rechtfertigung, die sie eigentlich gar nicht braucht. Außerdem ist mir zur Vertreibung der Mücken alles recht, generell stört es mich aber auch nicht, wenn jemand neben mir raucht.

Ich halte es für eine gute Idee, Musik anzumachen und hole meine Musikbox raus. Ich starte die Zufallswiedergabe.

Today is gonna be the day
That they're gonna throw it back to you
By now you should've somehow
Realized what you gotta do
I don't believe that anybody
Feels the way I do, about you now

Rick und Jay kuscheln sich aneinander.

»Man, ist das deine Kuschelrock-Playlist?«, fragt Kayla, die Romantikerin unter uns.

»Zufallswiedergabe«

»Schöner Zufall«, sagt sie genervt und zieht an ihrer Zigarette.

And all the roads we have to walk are winding
And all the lights that lead us there are blinding
There are many things that I
Would like to say to you, but I don't know how

Irgendwie fühle ich mich angesprochen. Es gibt so viele Sachen, die ich sagen will, aber ich wusste nicht wie. Wie sagt man einer Person, die man quasi nicht kennt, was man für sie empfindet? Wenn Worte gar nicht beschreiben können, was man empfindet?

Because maybe you'll gonna be the one that saves me
And after all, you're my wonderwall

Ja, ich schätze, das ist er. Meine persönliche Wonderwall.

Kayla, der diese Situation viel zu romantisch ist, versucht

das Thema schlagartig umzulenken.

»Sagt mal, wie haben eure Eltern eigentlich reagiert, als ihr denen gesagt habt, dass ihr schwul seid?«, fragt sie die Jungs.

Sie hören auf, sich aneinander zu lehnen und richten sich auf, um zu antworten. Nach seinem Outing haben wir Rick noch nie gefragt. Er hat auch noch nie von alleine darüber gesprochen.

»Also meinen Vater kenne ich nicht«, beginnt er zu erzählen, »aber meine Mutter hat sich sehr gefreut. Wahrscheinlich nicht darüber, dass ich schwul bin, sondern dass es mir besser ging, nachdem ich es ausgesprochen hatte. Ich war glücklich und sie war es auch. Als ich Jay das erste Mal mit zu mir nach Hause genommen hatte, hat sie Muffins in Regenbogenfarben gebacken. Das wirkte irgendwie ein bisschen unbeholfen, aber süß. Seitdem ist es ganz selbstverständlich für sie, dass ich einen Freund habe. Er ist immer herzlich willkommen bei uns.«

Ich lächle. Ich freue mich so für ihn und über die Tatsache, dass seine Mutter cool reagiert hat. Ricks Augen strahlen, während er uns davon erzählt. Ich gönne ihm sein Glück von ganzem Herzen.

Unsere Blicke treffen nun Jay, der sich dadurch aufgefordert fühlt, seine Geschichte zu erzählen. Er findet nicht gleich die Worte und stottert.

»Na ja.. Also.. Um ehrlich zu sein.. Meine Eltern wissen es noch gar nicht.«

Wir sagen nichts. Rick greift nach Jays Hand und hält sie fest.

»Wir treffen uns immer nur bei Rick. Meine Eltern

würden mich wahrscheinlich aus dem Haus schmeißen, wenn sie davon wüssten. Es ist schon gut so, wie es ist. Sie sind sehr konservativ.«

Die Blicke, die wir uns gegenseitig zuwerfen, sind eine Mischung aus Hilflosigkeit und Entsetzen. Jay senkt seinen Blick in Richtung Boden. Diese Wunde scheint sehr tief, und vor allem noch lange nicht verheilt zu sein.

Ich bin so froh, einen Vater zu haben, der alles für mich tun würde. Ich weiß nicht, was passieren muss, dass er mich von Zuhause rausschmeißt. Gut, ich habe ihm noch nicht erzählt, dass ich in einen Mann verliebt bin, der so alt ist wie er selbst. Aber ich verlasse mich darauf, dass ich das Einzige bin, das er noch hat, also würde er mir schon nicht böse sein. Zumindest nicht lange. Der Gedanke an meinen Vater erinnert mich daran, dass ich ihm noch keine Nachricht geschickt habe. Ich melde mich und schreibe, dass alles in Ordnung ist.

Bei dem Versuch, unsere Marshmallows zu erwärmen, stellen wir uns an wie die ersten Menschen. Irgendwann bestand unser Feuer mehr aus der klebrigen Süßigkeit als aus Holz, weil so gut wie jedes Teil reinfiel. Wir lachen und versuchen es, bis die Tüte alle ist.

Das Feuer ist weiter heruntergebrannt, aber es gibt noch ein wenig Wärme ab.

»Ihr habt jetzt genau zwei Möglichkeiten«, sagt Kayla.

»Und zwar?«, frage ich.

»Entweder wir sind langweilig und gehen gleich schlafen, oder ihr steht auf und bewegt euer zartes Hinterteil ins Wasser und geht mit mir Baden.«

So wie sie es ausspricht, scheinen wir keine Wahl zu haben. Das ist eine Entscheidungsfrage, für die sie die

Entscheidung schon längst getroffen hat. Sie ist bereits aufgestanden und fängt an, sich auszuziehen.

Na gut, was soll's.

Das Wasser ist arschkalt.

Außerdem dauert es nicht lange, bis Rick kreischend aus dem Wasser rennt. Er hat es nicht mal bis zu den Knien geschafft.

»Ih! Was war das? Etwas hat meinen Fuß berührt! Ahhh!«

»Mimose«, sagt Kayla und verdreht die Augen.

Sie taucht erneut unter und ich steht mit den Füßen im Wasser und zittert. *Arschkalt* ist gar kein Ausdruck. Jay springt zu Kayla ins Wasser und ich schleiche mich wieder zum Ufer, was sie nicht bemerkt.

Rick hüpft von einer Stelle zur anderen. Scheinbar hat sich eine Alge um seinen Fuß gewickelt und er versucht, sie abzuschütteln. Ich hätte ihm sagen können, dass er sie mit der Hand einfach entfernen kann, aber dieses lustige Spektakel lasse ich mir nicht entgehen. Ich lache laut.

»Das ist überhaupt nicht komisch«, schreit Rick sehr hilflos. Oh doch, das ist es.

Wir trocknen uns ab und ziehen uns warme Sachen zum Schlafen an. Mittlerweile ist es schon nach Mitternacht. Rick und Jay schlafen recht schnell ein und Kayla kurz darauf.

Ich bin fixiert auf das Knistern und Knacken der Bäume draußen, weshalb ich hellwach mit aufgerissenen Augen im Zelt liege. Ich bekomme Angst und denke sofort an den besoffenen Typen an der Rezeption, der bestimmt nicht aufpasst, ob Unbefugte das Gelände betreten.

Biest, bitte nicht jetzt, denke ich mir.

Ich ziehe mein Tagebuch aus meinem Rucksack und versuche mich so sehr auf das zu konzentrieren, was ich schreiben will, um das Biest zu unterdrücken. Ich will die anderen auch auf keinen Fall aufwecken. Letztendlich schreibe ich an diesem Abend aber keinen Eintrag mehr.

13. Mai 2017

Liebes Tagebuch,
Ich habe es tatsächlich geschafft,
eine Nacht woanders zu übernachten,
als in meinem Bett!
Und das auf einem Zeltplatz, der
alles andere als Sicherheit ausstrahlte!
Es war ein schönes Wochenende,
morgen geht es wieder zur Schule.
Morgen sehe ich Didi wieder.
Ich hoffe, dass ich mich zu solchen
Ausflügen nochmal überwinden kann.
Auf solche Erfahrungen würde ich nämlich
ungern verzichten.
Es ist spät, ich sollte schlafen. Das ist gar
nicht so einfach, wenn der Kopf nicht die
Klappe halten kann!

Gute Nacht, Tagebuch
Janna

4

*Die Stimme in meinem Kopf ist laut und
hört einfach nicht auf zu reden*

Am Montag haben wir wieder Englisch. Das ist so
ziemlich der einzige Unterricht, auf den ich mich freue.
Seit Beginn der Oberstufe behandeln wir nicht ein
Thema, das nur ein bisschen interessant ist, aber mein
Kurs ist, vor allem wegen Didi, teilweise echt witzig.

Aktuell behandeln wir das Thema Indien und jeder
Schüler muss zu einem bestimmten Thema, das uns die
indische Kultur näherbringt, einen Vortrag halten. Gut,
streng genommen brauchen wir alle eine Note. Wenn
andere Schüler Vorträge halten ist es einerseits

entspannt, weil man einfach nur zuhören muss, aber andererseits auch unnötig, weil man sich das Wissen auch selbst aneignen und dafür ausschlafen kann. Ich war schon immer jemand, der abends oder nachts besser arbeiten kann. Wie mein Vater immer sagt, gibt es Eulen und Lerchen. Nachtmenschen und Frühaufsteher. Ich bin definitiv eine Eule.

Heute ist Felix aus unserem Kurs an der Reihe. Man muss dazu sagen, dass er nicht der beste Schüler in Englisch ist. Generell hat er andere Sachen als Schule im Kopf.

»Indien ist eines der bevölkerungsreichsten Länder der Welt. Über achtzig Prozent der Bevölkerung sind Hindus und man spricht dort über einhundert Sprachen.«

Nachdem er siebzehn dieser einhundert Sprachen aufgezählt hat, höre ich auf, zuzuhören. Aber da bin ich nicht die Einzige, Kayla ist auch nur körperlich anwesend.

»Die indische Kultur hat den gesamten Raum Südasien und Südostasien geprägt und umfasst unter anderem die indische Küche, die indische Kleidung, das indische Handwerk, die indische Musik und den indischen Tanz«, sagt er und zeigt dabei auf die Bilder, die er an die Tafel gehängt hatte.

Ich denke an den Kulturschock, den ich dort bekommen würde, doch dann sagt Felix »Apropos Tanz, ich hab' da mal was vorbereitet.«

Na toll. Irgendwie habe ich so etwas befürchtet. Wir sollen die Klasse mit einbeziehen, das ist Teil der Anforderungen für eine Eins. Aber Tanzen muss jetzt echt nicht sein.

Felix bittet uns, aufzustehen. Alle. Auch Didi.

Unser Raum, der früher mal das Lehrerzimmer war, ist sehr geräumig und alle haben Platz, sich frei zu bewegen. Ich stelle mich in die letzte Reihe, weil Didi in der vorletzten steht. Ich bilde mir ein, dass er nur mich beobachtet und das macht mich so unruhig, dass ich lieber aus seinem Sichtfeld gehe.

Felix spielt ein Video ab und führt uns den Tanz vor, den wir ebenfalls tanzen sollen.

Ich konzentriere mich nicht wirklich auf den Tanz. Eigentlich ist es überflüssig, das zu erwähnen, weil ich mich generell nicht auf andere Sachen konzentriere, wenn Didi im gleichen Raum wie ich ist.

Didi trägt eine schwarze Hose, ein hellblaues Hemd und einen dunkelblauen Pullover. Das könnte mein Synonym für *ich werde nervös* sein.

Wir stellen uns alle ein wenig an, wie die ersten Menschen. Bei Didi wirkt der Tanz so unbeholfen, dass es schon wieder süß aussieht.

Mittlerweile stehe ich hinter einer der Säulen in unserem Raum, sodass ich mich verstecken und ihn beobachten kann. Ich lasse den Blick durch meinen Kurs schweifen und bin sehr beruhigt, dass ich offenbar nicht als Einzige unbegabt im Tanzen bin.

Nachdem wir circa fünf Minuten getanzt haben, setzen wir uns wieder auf unsere Plätze. Felix stellt sich wieder vor die Klasse und sagt »Vielen Dank für eure Aufmerksamkeit«, und alle klopfen mit der Faust auf den Tisch (die angenehme Art von Applaus).

Kurz danach klingelt es zum Ende der Stunde. Alle packen ihre Sachen und machen sich auf den Weg nach draußen.

»Passend zum Thema habe ich Ihnen etwas mitgebracht«, sagt Felix. Er holt zwei Mangos aus seinem Rucksack und drückt sie Herrn Diehl in die Hand.

»Auf Wiedersehen«, sagt er und verlässt ebenfalls das Klassenzimmer. Kayla und ich sind die letzten im Raum. Didi schaut uns genau so fragend an, wie wir ihn. Ich schaue Kayla an, dann wieder Didi.

»Wisst ihr warum...?«, beginnt Didi und starrt auf die Mangos. So eine peinliche Aktion hätte auch von mir kommen können. Kayla und ich schütteln den Kopf.

»Na gut«, sagt er und hängt sich seine Tasche über die rechte Schulter. Er grinst dabei, als hätte er gerade einen witzigen Gedanken gehabt. Zu gerne wüsste ich, was er denkt.

»Schönen Tag noch, und vergesst nicht das Theaterstück am Donnerstag«, ruft er uns noch entgegen, als er den Raum schon verlassen hat.

Kayla und ich lassen diese Situation einfach unkommentiert.

Auf der vorletzten Treppe sage ich zu ihr, dass ich mal zur Toilette müsse. Kayla will jedoch schon nach draußen gehen, weil sie seit zwei Stunden nicht mehr geraucht hat. Also gehe ich allein. Es ist eher untypisch, dass wir alleine gehen. Ich fühle mich ehrlich gesagt auch nicht wohl, aber das mit dem nicht allein sein können ist ein generelles Problem, das ich habe. Ich mag es auch nicht, mit vielen Menschen in einem geschlossenen Raum zu sein und in der Pause bin ich offensichtlich nicht die Einzige, die auf die Idee kommt, auf die Toilette zu gehen. Dementsprechend voll ist es in dem nicht allzu großen Raum. Wahrscheinlich sieht man mir an, dass ich mich nicht wohlfühle, denn alle anderen schauen mich an, als sei ich ein Gespenst.

Ich starre auf die Wand mir gegenüber. Auf dieses hässliche Gelb, in dem die Wände der Toilettenräume gestrichen sind. Diese Farbe ähnelt Buchseiten, die schon jahrelang vergilbt sind.

Als endlich eine Kabine frei wird, ist mir schon ganz komisch. Ich schließe die Kabinentür hinter mir, drehe das Schloss nach links. Tatsächlich dauert es nicht lange, bis sich das Biest bei mir meldet.

Na, hat dich deine beste Freundin alleine gehen lassen? Du hast die Tür abgeschlossen, wenn dir etwas passiert, kommt keiner rein, um dir zu helfen.

Ja, aber soll ich die Tür offen lassen? Dann kommt noch jemand herein, wenn ich auf der Toilette sitze. Das ist ja peinlich.

Lieber ein peinlicher Moment, als hilflos hier herumzuliegen, oder?

Nein.

Normalerweise bekomme ich das Bedürfnis, aus der Situation zu flüchten. Meistens hilft mir das, von der Panik wegzukommen. Allerdings muss ich total dringend pinkeln und kann gerade echt nicht weglaufen. Jedoch stehe ich immer noch, die Hand immer noch am Türschloss.

Wer weiß, wie viele Leute vor dir schon auf der Toilette hier waren? Und wer weiß, welche Krankheiten die wohl hatten. Bestimmt wirst du sie auch bekommen, hier lauern die Keime und warten quasi nur darauf, sich irgendwo einzunisten. Hier hat bestimmt schon lange keiner mehr geputzt.

Mir wird schwindelig und übel zugleich. Ich schaffe es, den Toilettendeckel zu öffnen. Warum kann ich die einfachsten Dinge auf der Welt in solchen Situationen nicht mehr? Ich verspüre das Bedürfnis zu rennen. Ich will buchstäblich vor dem Biest weglaufen. Doch das Biest ist immer da, also ist es zwecklos. Schließlich wohnt es in meinem Kopf.

Ich ziehe mein Handy aus meiner Tasche. Ich sehe das Display verschwommen. Ich will mich ablenken, einfach auf Instagram surfen oder so. Aber ich kann nichts erkennen.

Die Übelkeit wird schlimmer. Ich stecke mein Handy wieder weg. Ruhig atmen, das wird helfen, sage ich mir. Es klappt nicht. Ich muss mich übergeben.

Es klingelt zum Unterricht, ich hänge immer noch mit dem Kopf über der Toilette. Es ist eine Qual.

Es geht mir ein bisschen besser, aber das Biest ist noch nicht ganz verschwunden.

Man, siehst du mitgenommen aus. Wenn du jetzt rausgehst, werden alle sehen, dass mit dir etwas nicht stimmt. Du hast die Toilette ziemlich lange blockiert, möglicherweise sind die anderen Mädchen sauer, dass sie deinetwegen so lange warten mussten. Alle werden dich anschauen, das schwöre ich dir. Und es wird dir sehr unangenehm sein.

Eine Sache stimmt auf jeden Fall: wenn das Biest

auftaucht, sehe ich richtig scheiße aus.

Vielleicht kippst du ja wirklich um, wer weiß das schon?
Ich bin in meinem Leben noch nie umgekippt und erst seitdem es sich gibt, habe ich überhaupt Angst davor! Vorher war das nie ein Thema!

Zurecht. Und dann stehst du im Mittelpunkt, weil sich die anderen Sorgen um dich machen. Willst du das?
Nein, kannst du jetzt bitte einfach aus meinem Kopf verschwinden?

Und dann? Ich komme sowieso wieder, das weißt du ganz genau.

Ich kann wieder normal sehen und spiele noch ein bisschen mit meinem Handy, um mich abzulenken. Ich will mich einfach nicht mehr auf das Biest konzentrieren und meistens hilft Ablenkung. Zumindest kurzfristig. Aber das hätte mir schon gereicht, ich muss es nur irgendwie zum Unterricht schaffen.

Die ersten Minuten der nächsten Stunde habe ich sowieso schon verpasst. Ich muss einfach wieder normal wirken und mir eine gute Ausrede einfallen lassen. Normal zu wirken ist manchmal gar nicht so einfach, wenn man nicht alleine in seinem Kopf wohnt.

Normalerweise führe ich die Gespräche, die eher Diskussionen sind, mit dem Biest nur in meinem Kopf. Nur manchmal rede ich wirklich mit ihm. Das sieht dann so aus, als führe ich Selbstgespräche.

So Janna, reiß dich zusammen, rede ich mir ein. Voller Mut verlasse ich die Toilette. Ich bin alleine in dem Raum, alle anderen sind schon im Unterricht.

Schnell laufe ich zum Raum, um die Zeit des Zuspätkommens zu minimieren.

Niemand fragt mich, warum ich zu spät komme.

Außer Kayla.

»Wo warst du denn? Ich musste die ganze Pause alleine rauchen«, sagt sie.

»Sorry, hatte wichtige Gespräche zu führen.«

»Verstehe«, antwortet sie. Dann starrt sie auf ihr Handy.

Da ich heute Morgen nicht mit dem Auto zur Schule gefahren bin und Papa mich abgesetzt hatte, muss ich nach Schulschluss mit dem Bus nach Hause fahren. Ich mag das sogar ganz gerne. Ich liebe vor allem lange Fahrten, sei es mit Bus oder Bahn, weil ich ungestört Musik hören oder lesen kann.

Ich stecke mir die Stöpsel meiner Kopfhörer in die Ohren und wähle ein Lied aus. *White Noise* von *Coasts*. Dann schaue ich aus dem Fenster und beobachte die Umgebung. Ich sehe Menschen, die ich kenne, und Menschen, die ich noch nie zuvor gesehen habe. In einer Stadt, die nicht viele Einwohner hat und in der ich seit achtzehn Jahren lebe, entdecke ich täglich neue Gesichter. Ich frage mich, ob diese schon genau so lange wie ich hier leben oder neu hergezogen sind. Haben mich diese Personen vielleicht schon oft gesehen, nur ich nehme sie nicht wahr? Ich finde die Vorstellung, dass Leute dich kennen, du sie aber nicht, sowieso gruselig. Auch wenn sie dich nur vom Sehen kennen, wissen sie möglicherweise Dinge über dich, die sie gar nicht wissen sollen, dabei hast du sie noch nie in deinem Leben gesehen.

Nun fange ich an, zu philosophieren, wie viel Zeit man eigentlich braucht, um von einem Ort zum anderen zu fahren. Bevor ich volljährig war, bin ich jeden Tag mit dem Bus zur Schule und wieder zurück nach Hause gefahren. Zwanzig Minuten hin, zwanzig Minuten zurück. Das waren in den letzten acht Jahren schätzungsweise über eintausend Stunden. Was hätte man in der Zeit alles tun können? Eine Doktorarbeit schreiben?

Ich muss an der nächsten Station aussteigen und stelle mich schon vorher an die Tür, das ist so eine Macke von mir. Irgendwie habe ich Angst, die Haltestelle zu verpassen, obwohl es kein Problem wäre, einfach eine Haltestelle zurückzulaufen, wenn ich meine verpasse. Doch dieser Gedanke wühlt mich jedes Mal aufs Neue auf und deswegen stehe ich immer wieder zu früh von meinem Platz auf.

Als ich Zuhause ankomme, stelle ich meinen Rucksack neben meinen Schreibtisch und lasse mich samt Laptop auf mein Bett fallen. Heute war einer dieser Tage, die man hätte wegwerfen können, also suche ich nach Serien auf Netflix, die ich einfach nebenbei laufen lassen kann. Serien, bei denen man sich nicht konzentrieren oder großartig aufpassen muss, um die nächste Folge zu verstehen.

Ich finde eine amerikanische Serie, von der ich nicht weiß, ob ich sie verstörend oder gut finde. Fünf schwule Männer werden zu Personen, die nicht so beliebt oder erfolgreich sind, nach Hause geschickt, um sowohl den Kleidungsstil, die Wohnung und die Frisur komplett zu ändern.

Es erinnert mich an diese Reportagen, die bei DMAX laufen: die deutsche Übersetzung wird einfach über den originalen, englischen Ton gesprochen. Fällt den Produzenten nicht auf, dass das nervt?

Ich stelle den Laptop neben mich und lasse die Serie laufen. Manchmal bringt sie mich sogar zum Lachen. Nebenbei nehme ich mein Tagebuch zur Hand und schreibe ein wenig, um das Geschehene des Tages aufzuschreiben.

14. Mai 2017

Hallo Tagebuch,

heute hat mich das Biest in der Schule besucht. Ich musste mich schon wieder übergeben, Gott sei Dank hat es keiner mitbekommen.
Für mich hat das Biest etwas Menschliches.
Manchmal stelle ich mir vor, wie das Biest vor lauter Knöpfen und Hebeln sitzt, die es bedient, und somit meinen Verstand steuert.
Na ja, das wäre zu einfach. Was in meinem Gehirn passiert liegt wahrscheinlich jenseits meiner Vorstellungskraft.
Brauche ich professionelle Hilfe? Ich denke, ich informiere mich mal.

Gute Nacht, Tagebuch.
Deine Janna

5

»Wo Worte selten sind, haben sie
Gewicht.« - Shakespeare

Der Tag, an dem abends das Theaterstück stattfinden sollte, ist gekommen. Natürlich konnte ich die letzten beiden Nächte deswegen nicht schlafen, war ja zu erwarten. Allerdings findet es erst um neunzehn Uhr statt und ist somit nicht wirklich ein Schulausflug. Wir haben an diesem Tag also ganz normalen Unterricht. Ich habe mir vorgenommen, Didi an diesem Tag auf keinen Fall vor dem Theaterstück irgendwo zu begegnen.

Also schleiche ich wie ein Geheimagent mit der Mission Sehen-Aber-Nicht-Gesehen-Werden durch das Schulhaus auf dem Weg zur ersten Stunde und halte aufmerksam Ausschau in alle Richtungen, um nicht von ihm gesehen zu werden.

Ich setze meine Sonnenbrille und die Kapuze meines Hoodies auf und versuche unauffällig (Spoiler: hat nicht so gut geklappt) zum Raum zu laufen.

Ich fühle mich für kurze Zeit tatsächlich unbeobachtet, bis plötzlich Kayla neben mir auftaucht. Ich atme laut ein, weil ich mich so erschrecke, doch sie ändert ihre Mimik kein Stück – dafür ist es offensichtlich noch zu früh.

»Alter, du bist so ein Freak«, sagt Kayla unbeeindruckt und betritt vor mir das Klassenzimmer. Sie setzt sich auf ihren Platz und trinkt aus ihrem Coffee-to-go-Becher Latte Macchiato, während sie auf ihr Handy starrt.

Ich setze mich ebenfalls auf meinen Platz und beginne, sie mit Fragen zu löchern: »Weißt du schon, was du anziehst?«, »Was soll ich sagen, wenn er vor mir steht?«, »Was machen wir, wenn er doch nicht kommt?«

Normalerweise hasse ich es auch, wenn mich irgendwer kurz nach dem Aufstehen mit Fragen bombardiert. Aber ich bin einfach zu aufgeregt.

In ihrem Blick ist zu erkennen, dass Kayla in diesem Moment auf nichts Lust hat, schon gar nicht auf eine Konversation mit mir, in dem es um Didi geht.

»Erstens: Nein.

Zweitens: Bloß nicht die Wahrheit

Drittens: warum sollte das passieren?«, antwortet sie.

Ich nehme das wahr, was sie sagt, beschäftige mich dann aber mit den weiteren Fragen, die in meinem Kopf herumschwirren.

In meinem Kopf gehe ich ständig Konversationen durch, die ich mit ihm führen kann. Irgendwie will ich auf jede Frage vorbereitet sein, die er mir jemals stellen könnte.

Ich blättere in meinem Kalender, weil ich dort auf den Seiten, die eigentlich für Notizen vorgesehen sind, Fragen und Antworten aufschreibe. Manchmal fallen mir richtig gute Antworten ein, die ich aber wieder vergesse, wenn ich sie nicht notiere.

Ich lese mir die Fragen und Antworten durch und checke, welche davon relevant werden könnten. Vor allem Smalltalk beherrsche ich überhaupt nicht, schon gar nicht bei Lehrern. Lehrer, auf die ich stehe.

Am meisten denke ich über die Frage *Wie geht's?* nach. Diese Frage ist eigentlich so simpel, jedoch habe ich keine perfekte Antwort auf sie gefunden.

Wenn man mit *schlecht* antwortet, fühlt sich der Gesprächspartner irgendwie gezwungen, nach dem Grund zu fragen und das stelle ich mir vor allem bei Personen schlecht vor, die man persönlich nicht so gut kennt.

Und wenn man mit *Gut, und selbst?* antwortet, sagt die andere Person ebenfalls *gut* und das Gespräch scheint damit beendet zu sein.

Aber ist es zu unhöflich, nicht danach zu fragen, wie es der Person geht, mit der man sich unterhält? Wobei die Frage schon unangebracht ist, wenn man sich mit seinem Lehrer unterhält. Ich kann ihn nicht einfach persönliche Dinge fragen, weil sie mich nichts angehen.

Didi würde mit *gut* antworten, weil er mir wohl kaum die Geschichte erzählt, weshalb es ihm schlecht geht. Also würde diese peinliche Situation eintreten, in der man krampfartig überlegt, was man als nächstes sagt.

Manchmal muss ich mich daran erinnern, dass all diese Dinge zwischen uns nur in meinem Kopf stattfinden.

Dachte ich zumindest.

Frau Meyer erklärt uns die Aufgabe für die Unterrichtsstunde, an der wir selbstständig arbeiten sollen. Da wir anschließend aber noch Zeit haben, die Aufgabe zuhause zu beenden, muss ich sie glücklicherweise nicht in der Stunde schaffen. Das ist auch gut so, denn ich habe an diesem Tag überhaupt keine Konzentration. Meine Gedanken schweifen nur um den Abend.

Ich reiße ein kleines Stück Papier aus meinem Block und schreibe eine Notiz an Kayla:

Kommst du nach der Schule mit zu mir? Antwort bitte max. 120 Zeichen.

Ich kann sehen, wie sich ihre Mundwinkel im Bereich ihrer mimischen Möglichkeiten ein kleines Stück nach oben bewegen und sie schreibt ihre Antwort auf den Zettel: *Ja.*

Ich freue mich, weil ich genau weiß, dass ich alleine kurz vor einem Nervenzusammenbruch stehen würde und so kann sie mich etwas beruhigen.

Die Zeit im Unterricht vergeht nur sehr langsam. In meinem Kopf spielen sich immer wieder Gespräche zwischen Didi und mir ab, ich kann es nicht abstellen.

Als es zur Pause klingelt, sage ich zu Kayla, dass ich nicht mit raus käme. Ich will mich gleich zum nächsten Raum schleichen, weil ich echt paranoid bin. Was soll eigentlich Schlimmes passieren, wenn er mich sieht?

Kayla kann allerdings nicht auf ihre Zigarette verzichten und weil sie nur meinetwegen mit zu dem Theaterstück kommt, wäre es nicht fair, sie alleine rauchen gehen zu lassen. Also müssen Kapuze und Sonnenbrille wieder herhalten.

Tatsächlich schaffe ich es den ganzen Tag lang, Didi nicht über den Weg zu laufen. Kayla und ich treffen uns auf dem Parkplatz der Schule, wo ich neben Carlos bereits auf sie warte.

»Ich glaube, wir müssen jetzt ganz laut Musik hören«, sagt sie, während sie ihren Rucksack auf die Rücksitzbank wirft.

»Klar«, sage ich und steige ein.

Wir fahren los und ich drehe das Radio lauter, während Kayla ihre Schuhe auszieht, um ihre Füße aus dem Fenster baumeln zu lassen. Sie trägt zwei unterschiedliche Socken, die zwar beide gestreift, jedoch unterschiedlich farbig sind. Ihr ist das total egal und ich liebe das an ihr. Kaylas Haare wehen im Wind und sie schließt die Augen. Ich muss schmunzeln.

Als wir bei mir Zuhause ankommen, verschwinden wir sofort in meinem Zimmer. Es ist 15:47 Uhr und das Theaterstück fängt um neunzehn Uhr an. Wir fahren gute zwanzig Minuten dorthin, also habe ich genau zwei Stunden und dreiundfünfzig Minuten Zeit, um herauszufinden, was ich anziehen werde.

Kayla ist nicht schnell aus der Ruhe zu bringen. Sie setzt sich auf mein Bett und spielt mit ihrem Handy, während ich verzweifelt meinen Schrank aufreiße und merke, dass ich immer nervöser werde.

»Worum geht's eigentlich?«, fragt Kayla, ohne den Blick von ihrem Telefon abzuwenden.

»Wobei?«, frage ich zurück, weiterhin auf meinen Schrank starrend.

»Na bei dem Theaterstück.«

»Ach so«, sage ich. »Keine Ahnung, ich weiß nur, dass es von Shakespeare ist. Ehrlich gesagt gehe ich dort nicht wegen des Theaterstücks hin, also lassen wir uns doch einfach überraschen.«

Ich ziehe mir eine blaue Jeans, ein weißes Top und eine pinke Strickjacke an.

»Kann ich so gehen?«, frage ich Kayla und drehe mich zu ihr um.

»So siehst du doch immer aus«, antwortet sie und ich muss zugeben, dass sie recht hat.

Ich trage wirklich immer Hoodies oder Strickjacken, also wäre es irgendwie auffällig, wenn ich heute Abend in einem Kleid dort auftauchen würde.

In meinem Kopf sind zu viele Fragen, auf die ich einfach keine Antworten finde. Ich will ihm einfach nur gefallen.

»Können wir zehn Minuten früher losfahren? Dann kann ich noch eine rauchen«, fragt Kayla. Ich nicke.

Es ist mittlerweile 17:52 Uhr und ich habe noch sieben andere Outfits anprobiert und mich letztendlich doch für das erste entschieden, das ich anhatte.

»JANNA?«, ruft mein Vater unüberhörbar aus der Küche. Ich öffne die Tür meines Zimmers.

»Wollt ihr noch etwas essen, bevor ihr geht?«

Ich schaue zu Kayla und sie zuckt mit den Achseln. Mir ist gar nicht nach Essen zumute, weil ich viel zu nervös bin.

»Nein, danke«, antworte ich Papa und schließe meine Tür wieder.

»Falls du nachher Hunger bekommen solltest, kaufe ich dir unterwegs etwas«, sage ich und Kayla grinst. An diesem Tag bin ich bereit, alles für sie zu tun, denn ich brauche nichts mehr, als ihre emotionale Unterstützung.

Es ist 18:02 Uhr. Ich packe eine Flasche Wasser, Geld, meine Schlüssel und Deo in meinen schwarzen Rucksack und hänge ihn über meine rechte Schulter. Kayla steht auf, nimmt ebenfalls ihren Rucksack und folgt mir aus dem Zimmer in Richtung Haustür.

Ich ziehe meine schwarzen Converse an, die ihre besten Zeiten definitiv schon hinter sich haben. Ich trage sie jedoch gerne und außerdem kann ich darin am besten Auto fahren, deswegen ist mir egal, wie sie aussehen.

Mein Vater kommt aus der Küche, um uns zu verabschieden. Er trägt eine gelbe Schürze mit Blümchen darauf und hält einen Kochlöffel in der linken Hand.

»Fahr vorsichtig, macht keinen Blödsinn und melde dich, wenn etwas ist. Okay?«, sagt er besorgt und gibt mir einen Kuss auf die Stirn.

»Okay«, sage ich und öffne die Haustür.

»Tschüss«, sagt Kayla und wir gehen zu Carlos.

Während der Fahrt sage ich nicht viel. Kayla hingegen informiert sich, wovon das Theaterstück handelt.

»Das Stück handelt von Prosperos und seiner Tochter; der wurde vertrieben und ist auf eine Insel geflüchtet, hat all seine Feinde bekämpft und kehrte dann irgendwann wieder in seine Heimat zurück. Klingt ja wahnsinnig spannend. Das soll abendfüllend sein?«

Ich lächle gezwungenermaßen, weil ich aufgeregt und sehr nervös bin.

Ich parke vor dem Theater und halte schon Ausschau nach Didi, sehe ihn jedoch noch nicht. Wir steigen aus und ich schließe Carlos ab. Ich werde das Gefühl nicht los, dass ich extrem auffällig bin, wenn ich versuche, mich so unauffällig wie möglich zu verhalten. Ich schaue in alle Richtungen, aber ich sehe ihn nicht.

Wir stehen vor dem Eingang und Kayla raucht eine Zigarette. Sie ist tiefenentspannt, ich nicht.

Der Bereich um das Theater herum ist wirklich schön. Es liegt direkt am Wasser und hat einen kleinen Steg, auf dem man zwischen den ganzen Seerosen sitzen und entspannen kann. Der Rasen ist kräftig grün und auf die perfekte Länge abgeschnitten. In der Mitte des Rasens ist ein Teich, in dem viele kleine Fische schwimmen. Überall wachsen Blumen und die vielen großen Bäume werfen halbwegs Schatten auf die Bänke, die dort im Halbkreis stehen. Es ähnelt stark einer Hotelanlage.

Kayla drückt ihre Zigarette aus und fragt, ob wir nicht schon hineingehen können. Also gehen wir hinein.

Vor der Tür steht ein junger, dunkelhäutiger Mann, der scheinbar für den Einlass verantwortlich ist. Er gibt uns einen Flyer, in dem man die Zusammenfassung des Inhalts des Theaterstücks und die Namen der Besetzung nachlesen kann.

Das Stück findet nicht im großen Theatersaal statt, sondern in einem separaten Raum, der etwas kleiner ist. Dort sind Stühle für circa einhundert Zuschauer aufgestellt. In den vordersten Reihen sitzen schon ein paar Leute mit ihren Kindern, sodass sie besser sehen können. Kayla und ich setzen uns in die fünfte Reihe, weil weiter hinten noch niemand sitzt.

»Ich setze mich mal nach innen und du dich nach außen, vielleicht setzt sich Didi ja neben dich«, sagt Kayla und kann sich das Grinsen dabei nicht verkneifen. Neben mir sind also noch vier freie Plätze. Ich habe ehrlich gesagt nicht über die Sitzordnung nachgedacht, aber jetzt hoffe ich, dass er sich neben mich setzen würde.

Ich konzentriere mich darauf, mich nicht ständig umzudrehen, weil ich nicht so aussehen will, als würde ich nur auf ihn warten. Streng genommen ist aber genau das der Grund, warum ich zu diesem Zeitpunkt dort sitze.

Auf der Bühne ist der vordere Teil eines Schiffs aufgebaut und auf dem Boden liegen blaue Tücher, die Wasser darstellen sollen. Zwei der Schauspieler stehen neben der Bühne und unterhalten sich. Ich starre zur Bühne, bis Kayla auf einmal sagt: »Da hinten kommt er, aber dreh dich jetzt bloß nicht auffällig um.«

Ich drehe mich tatsächlich nicht um, jedoch merke ich, wie mein Herz immer schneller rast. Ich dachte, es würde mir gleich aus der Brust herausspringen. Ich werde immer nervöser und meine Aufregung ist mir mittlerweile anzumerken. Ich starre immer noch die Bühne an, weil ich mir nicht sicher bin, ob er sich wirklich neben mich setzen würde.

Das tut er nicht. Er setzt sich eine Reihe hinter uns auf einen Stuhl, der genau mittig von meinem und Kaylas ist. Ich weiß nicht, was ich sagen soll, aber da muss ich auch nicht weiter drüber nachdenken, weil er zu reden anfängt.

»Oh hallo, ich war ein bisschen zu früh da, deswegen habe ich bis eben in den Seerosen gesessen und gelesen«, sagt er. Ich bekomme keine Antwort heraus. Wir gerne hätte ich dort mit ihm gesessen.

»Ja, es ist wirklich schön hier«, sagt Kayla. »Aber scheinbar sind wir aus unserem Kurs bisher die Einzigen.«

Didi lacht. »Ja, stimmt. Die Kursliste muss ich noch nicht rausholen.«

Ich will Smalltalk anfangen. »Freuen Sie sich schon?«, frage ich ihn. Wow, Janna, wie originell. Im Nachhinein hätte ich lieber meine Klappe gehalten.

»Ja«, antwortet er. »Ich mag alles, was mit Shakespeare zu tun hat. Ich habe bisher nur Gutes von diesem Theaterstück gehört und hoffe, dass wir nicht enttäuscht werden.«

Mich kann an diesem Abend nichts mehr enttäuschen.

Während er spricht, starre ich ihn vermutlich an, aber wie kann man bei diesem schönen Anblick wegschauen? Meine Erwartungen haben sich komplett erfüllt. Dass er eine Reihe hinter mir sitzt und mit mir redet, macht mich glücklich.

»Das wird schon nicht passieren«, sage ich und lache. Ich bin immer noch nervös. Langsam bekomme ich Angst, dass er mein Herz eine Reihe hinter mir schlagen hören kann.

Ich drehe mich wieder zur Bühne um, weil das Licht ausgeht und die Scheinwerfer auf die Bühne gerichtet werden.

Kayla verschränkt die Arme vor ihrem Bauch und rutscht auf ihrem Stuhl ein wenig nach unten. Ich sitze angespannt neben ihr und frage mich, wo Didi hinschaut. Irgendwie fühle ich mich beobachtet und versuche, keine komischen Bewegungen zu machen bzw. mich überhaupt nicht zu bewegen.

Das Theaterstück beginnt. In der ersten Szene wird dargestellt, wie das Schiff zu kentern droht. Das ist das einzige, woran ich mich erinnere. Ich kann mich überhaupt nicht auf das Stück konzentrieren, weil ich so damit beschäftigt bin, darüber nachzudenken, was ich als nächstes zu ihm sagen soll.

Nach ungefähr vierzig Minuten gibt es eine fünfzehnminütige Pause. Kayla sieht mich an, als erwartet sie von mir, dass ich etwas sagen würde.

»Wollen wir rausgehen?«, frage ich und sie nickt. Also stehen wir auf und bewegen uns in Richtung Ausgang und im Augenwinkel sehe ich, dass Didi auch aufsteht – er folgt uns nach draußen. Plötzlich stehen wir zu dritt vor dem Eingang, während alle anderen Zuschauer nacheinander das Theater verlassen. Kayla zündet sich eine Zigarette an und zieht ihr Handy, das vibriert, aus ihrer Hosentasche.

»Ich muss mal kurz telefonieren«, sagt sie und geht von uns weg. Sie lässt mich wirklich mit Didi alleine dort stehen. Darauf bin ich nicht vorbereitet.

Ich schaue ihn an. Er trägt eine Jeans und ein Poloshirt, welches blaue und weiße Streifen hat. Er steckt seine Hände in seine vorderen Hosentaschen und zieht die Schultern ein wenig nach oben. Es sieht irgendwie schüchtern aus, wie er da steht, und das finde ich niedlich.

Erneut sucht er das Gespräch mit mir. Das erleichtert mich so sehr.

»Na, wie hat dir das Stück bisher gefallen?«, fragt er mich.

»Äh, gut«, antworte ich, obwohl ich nicht viel mitbekommen und keine Ahnung habe, worum es eigentlich geht.

»Und Ihnen?«

»Na ja, um ehrlich zu sein, konnte ich dich besser sehen als die Schauspieler da vorne. War aber auch kein schlechter Anblick.«

Ich bin sprachlos. Ich bete, dass ich in diesem Moment nicht knallrot werde.

»Ich weiß ja eigentlich, worum es in der Geschichte geht, deswegen reicht es aus, wenn ich zuhöre.«

Ich will ihm in diesem Moment alle Komplimente, die ich ihm schon immer machen wollte, auf einmal erzählen. Aber ich weiß nicht, wo ich anfangen soll, also starre ich ihn nur an und lächle und starre und lächle immer weiter.

»Alles gut?«, fragt er. »Wieso schaust du mich so an? Habe ich etwas im Gesicht?«

Er lacht.

»Nein«, sage ich, »Ich schaue Sie einfach gerne an. Sie sind auch kein schlechter Anblick.«

Ich schaue ihn an und seine blauen Augen erwidern meinen Blick. Ich kann nicht fassen, dass ich das gerade wirklich gesagt habe. Im gleichen Augenblick denke ich daran, dass er wahrscheinlich nur einen Scherz macht und ich komme mir blöd vor, da mein Kompliment zu einhundert Prozent ernst gemeint ist.

»Danke, Mensch, da fühle ich mich ja geschmeichelt.«

Er lächelt. Und wenn er nicht bald damit aufhört, bekomme ich noch Schnappatmung.

Ich will ihn gerade fragen, ob wir nicht ein Stück zusammen laufen wollen, doch dann kommt ein Mann aus dem Theater gelaufen und ruft, dass die Pause zu Ende sei.

Kayla ist bis dahin nicht wieder aufgetaucht, also gehen

Didi und ich alleine zurück ins Theater.

Ich setze mich auf den Platz, auf dem ich vorher auch saß.

»Ist denn hier noch frei?«, fragt Didi und deutet auf den leeren Platz neben mir.

»Klar«, antworte ich und er setzt sich neben mich. Er schaut mich mindestens so oft an, wie ich ihn. Das verwirrt mich total. Ich frage mich, woran er wohl denkt und welche Version von mir in seinem Kopf existiert. Und ich denke darüber nach, ob das, was er gesagt hat, wirklich ernst gemeint ist.

Mittlerweile sitzen alle anderen Zuschauer auch wieder auf ihren Plätzen und das Licht wird langsam weniger. Die Scheinwerfer gehen an und beleuchten die Bühne.

Wo zur Hölle steckt Kayla?

»Viel Spaß.«

»Danke«, flüstert er. »Jetzt habe ich wohl keine andere Wahl, als die Schauspieler anzusehen. Schade.«

Ich kann nicht mehr antworten, weil die Schauspieler bereits angefangen haben zu reden.

Wir sehen uns in die Augen, kurz, aber intensiv. Dann schaut er sich das Theaterstück an, mich interessiert es jedoch immer weniger. Ich sehe öfter zu ihm herüber, doch er festigt seinen Blick auf die Bühne. Seine Füße stehen nebeneinander fest auf dem Boden und seine Hände liegen jeweils auf einem Oberschenkel.

Hände waren schon immer die erste Sache, die mir bei anderen Menschen auffiel. Ich hatte schon früher wahrgenommen, dass seine Hände wunderschön sind, aber jetzt habe ich die Möglichkeit, sie ganz aus der Nähe zu betrachten. Ich habe keinen Fetisch oder so, aber so wie andere Menschen auf Brüste oder Hinterteile achten, fallen mir eben Hände als erstes auf.

Didi legt seine Hände entspannt auf seinen Beinen ab, die im perfekten Neunzig-Grad-Winkel auf dem Boden stehen. Sie liegen mit der Handfläche nach unten und man kann leicht die Knochen am Ansatz der Finger sehen. Seine Hände sind größer als meine und die Finger weder zu dünn noch zu dick, noch zu lang noch zu kurz. Sie sind gepflegt, sehr gepflegt.

Mein Blick wendet sich von seinem Gesicht ab und ich starre nur seine Hände an. Ich denke daran, wie es wohl wäre, seine Hand zu nehmen. Doch dann fällt mir wieder ein, dass er an seiner rechten Hand einen Ring trägt und eine Frau dort draußen höchstwahrscheinlich den gleichen.

Für einen kurzen Moment bin ich traurig, doch dann schaut er mich plötzlich an. Ich glaube, in dem Theaterstück geht es gerade um Betrug und er schaut mich an, als würde er etwas sagen wollen.

»Letztens habe ich mich mit einer alten Schulfreundin getroffen und genau in diesem Moment läuft der Sohn meiner Nachbarn an uns vorbei und verpetzt mich bei meiner Frau. Blöder Typ«, flüstert er und lacht. Ich muss auch lachen.

Er schaut wieder nach vorne zur Bühne und ich schaue ihn an. Ich bekomme nicht mit, was auf der Bühne passiert. Es ist mir ehrlich gesagt auch egal.

Die Zeit vergeht viel zu schnell. Ich bin in Gedanken vertieft, als plötzlich das Licht wieder angeht und alle Zuschauer aufstehen und applaudieren. Didi steht ebenfalls auf und ich fühle mich gezwungen, auch aufzustehen. Die Schauspieler verbeugen sich zweimal und verlassen danach die Bühne.

Wir folgen der Masse nach draußen. Ich will nicht, dass dieser Tag endet, weil ich weiterhin in seiner Nähe sein will. Ich habe mich in diesen fast zwei Stunden sehr damit angefreundet und will es nicht mehr missen. Ob er noch bleiben würde, kann ich ihn nicht fragen, das ist absurd. In meinem Kopf sind hunderte Fragen und wir sind schneller aus dem Theater draußen, als ich nachdenken kann.

Ich laufe aus der Tür und bleibe stehen. Didi läuft hinter mir und stellt sich dann neben mich. Um uns herum laufen Menschen in alle Richtungen – wir sind die einzigen, die stehen.

»Wie kommst du nach Hause?«, fragt er mich. Fragt er aus Höflichkeit, weil er sich sorgt, oder weil er mich nach Hause begleitet hätte, wäre ich zu Fuß hier?

»Mit dem Auto«, sage ich. Er ist vermutlich auch mit dem Auto da, weil er noch weiter weg wohnt, als ich.

»Dann bist du ja theoretisch flexibel.«

»Stimmt, praktisch auch.« Er lacht.

»Wenn ich ehrlich bin, hätte ich nach diesem langen Sitzen noch Lust, ein bisschen zu laufen, nur alleine ist das irgendwie öde«, sagt er.

Ja, und wenn ich ehrlich bin, ist es genau das, was ich hören will. Es gibt nur wenige Sachen, die mich in diesem Moment glücklicher hätten machen können.

Ich versuche, meine Freude nicht ganz so offensichtlich zu zeigen. Ich will nicht, dass er denkt, ich sei verrückt. Aber das bin ich. Verrückt aus psychischer Sicht und verrückt nach ihm.

»Ich denke, ich könnte mich aufopfern«, sage ich ironisch. Was passiert hier gerade? Der Mann, für den ich monatelang schwärme, fragt mich, ob ich mit ihm spazieren gehen will.

Für einen kurzen Moment denke ich, dass das alles ein Traum sei. Dann stolpere ich über einen Bordstein. Ich verspüre Schmerzen, die mir versichern, dass das alles doch kein Traum ist. Herzlichen Glückwunsch, Janna, du hast dich vor Didi gerade richtig zum Löffel gemacht.

»Geht's dir gut? Komm, ich helfe dir hoch.« Er reicht mir seine Hand.

»Danke«, sage ich und greife danach. »Peinlich.«

»Quatsch, wo bist du denn nur mit deinen Gedanken?«, fragt er, als könne er sich das nicht denken. Ich zucke mit den Schultern und antworte nicht, weil ich schlecht im Lügen bin und mich die Wahrheit nur in eine unangenehme Situation bringen würde.

Wir laufen weiter am Wasser entlang. Die Gegend ist wunderschön und er ist es auch und diese Situation ist für unser distanziertes Verhältnis viel zu romantisch. Wir laufen nebeneinander her und sagen eine Zeit lang gar nichts. Ich will nicht mit langweiligem Smalltalk anfangen und belanglose Fragen stellen, deren Antworten mich eigentlich nicht interessieren. Es ist schon nach neun Uhr und es wird immer dunkler.

»Wollen wir uns setzen?«, fragt er.

»Klar«, antworte ich und wir setzen uns ins Gras, circa zwei Meter vom Wasser entfernt. Ich kann mein Glück immer noch nicht fassen.

»Und weißt du schon, was du nach der Schule machen möchtest?«

»Ich bin mir noch nicht sicher. Wenn mein Abi gut genug für ein Studium wird, werde ich vermutlich studieren. Ich habe ja noch ein bisschen Zeit, mir etwas auszusuchen«, sage ich. »War Lehrer schon immer das, was Sie werden wollten?«

»Um ehrlich zu sein, nein. Ich habe lange gebraucht, um das Richtige für mich zu finden. Aber ich habe diese Entscheidung nie bereut.«

Puh, wenn ihn sein Job so glücklich macht, kann ich das alles gleich vergessen. Ich kann mir denken, wie lange so ein Studium dauert und man studiert nicht so viele Jahre lang, um dann etwas mit seiner Schülerin anzufangen und gefeuert zu werden. Dafür ist er zu intelligent.

»Alles in Ordnung?«

Ich habe mich umgedreht und in alle Richtungen geschaut, um sicherzugehen, dass da niemand ist.

»Ja«, sage ich. »Ich wollte nur sichergehen, dass da keiner ist.«

»Ich passe schon auf dich auf«, sagt er und tätschelt meine Schulter mit seiner Hand. Zügig nimmt er sie wieder weg.

Zu viel Körperkontakt? Wahrscheinlich nicht. Ob es mir etwas bedeutet? Schon, ja.

Ich fange an zu zweifeln, warum ich in diesem Moment noch keine Panik bekomme, schließlich ist es dunkel. Didi scheint so eine Sicherheit auszustrahlen, dass mein Biest beruhigt ist.

»Was würdest du tun, wenn du eine Million Euro

hättest?«

Ich muss kurz überlegen.

»Wahrscheinlich würde ich Converse in allen Farben kaufen und den Rest sparen«, sage ich, da mir nichts anderes einfällt. »Und vielleicht noch eine schöne Reise. Und Sie?«

»Das ist auch gut. Ich würde Konzertkarten kaufen.«

»Konzertkarten?«

»Ja, ich würde mir Konzertkarten für meine Lieblingsband kaufen. Von allen Konzerten in Europa.«

»Und darf ich fragen, welches Ihre Lieblingsband ist?«

»U2.«

Ich mag deren Musik auch ganz gerne, kenne aber nur wenige Lieder.

»So, ich denke, dass ich mich langsam auf den Weg machen sollte. Ich begleite dich noch zum Auto«, sagt Didi und steht auf. Ich folge ihm.

Ich schließe Carlos auf und packe meinen Rucksack auf den Beifahrersitz.

»Hat mich sehr gefreut«, sage ich.

»Mich auch, Janna. Mich auch.«

Irgendwie wissen wir nicht, wie wir uns verabschieden sollen. Eine Umarmung ist zu persönlich und gar keine Verabschiedung so unpersönlich. Wir hätten uns die Hand geben können, aber wir geben uns nie die Hand. Also entscheiden wir uns, ohne Absprache, für die unpersönliche Verabschiedung.

»Bis morgen«, sagt er und verschwindet in seinem Auto. Ich setze mich auf den Fahrersitz und hole mein Handy heraus, um Kayla eine Nachricht zu schreiben.

Janna: Wo warst du die ganze Zeit? Hatte ihn quasi für mich alleine.

Kayla: Gern geschehen. ;)

Janna: Ach weißt du eigentlich wie sehr ich dich liebe?

Kayla: Janni, wenn du mal homosexuell werden solltest, dann natürlich meinetwegen. Oder Didi lässt sich operieren.

Janna: Er hat mich berührt!

Kayla: WO?!

Janna: An der Schulter.

Kayla: Wow. Wahnsinn. An der Schulter.

Janna: Du bist blöd. Sehen wir uns morgen?

Kayla: Ich bitte darum! Und dann will ich aber alles wissen!

Ich lege das Handy weg und schalte das Radio ein. Es läuft *Rolling In The Deep* von Adele. Ich denke an Didi und frage mich, welche Musik er wohl noch so hört und an wen er dabei denkt. Ist das hier sein Musikgeschmack? Bei jedem Lied stelle ich mir diese Frage. Wie kann mich ein Mensch so faszinieren, den ich so wenig kenne? Es ist manchmal schon fast eine Qual, Dinge nur vermuten zu können, die man unbedingt wissen will.

Ich erinnere mich an eine Situation, in der ich ungefähr fünf Jahre alt war. Gute Freunde meiner Eltern hatten geheiratet und ein paar Monate nach der Hochzeit schauten sich alle zusammen die Hochzeitsfotos an. Mama und Katja fingen an zu weinen vor Freude, aber Papa und Marc ließen sich nichts anmerken. Ich setzte mich zwischen Mama und Katja und fragte meine Mutter, warum man eigentlich heiratete.

»Man heiratet, weil man sich ganz doll lieb hat und sich sicher ist, dass man den Rest seines Lebens mit der anderen Person verbringen möchte.« Ich krabbelte auf Katjas Schoß.

»Und warum hast du Marc ausgesucht und keinen anderen?«

»Ich wusste einfach von Anfang an: der ist es«, sagte Katja.

Stimmt, manchmal braucht es eben keine großen Worte, wenn die Antwort doch so simpel ist. Warum kann ich das nicht auch einfach behaupten? Ach ja, Didi und ich haben nicht vor Kurzem geheiratet und mich fragt auch niemand ernsthaft: *Warum hast du ihn ausgewählt?*

Die Fragen, die man mir diesbezüglich stellt, beschränken sich eher auf das Nötigste: *Warum?!*

Wenn ich eine Antwort auf diese Frage hätte, würde ich wahrscheinlich entspannter durch den Tag gehen.

Es läuft Coldplay im Radio und ich denke immer noch an Didi. Das ist unvorteilhaft für die Lieder, die ich höre, wenn ich an ihn denke: Ich verbinde alle mit ihm.

Your skin
Oh yeah your skin and bones
Turn into something beautiful
You know, you know, I love you so
You know I love you so

Ich kann meine Tränen nicht mehr zurückhalten. Ich fühle alles gleichzeitig. Liebe, Angst, Traurigkeit. Was ich ihm gegenüber fühle sind keine Schmetterlinge mehr. Es ist dieses Drücken im Brustkorb, dieses Kribbeln, diese Bauchschmerzen.

Ich komme mir vor wie ein Fan. Ein Fan eines richtig bekannten Stars, eines Schauspielers oder Sängers, der auch nur davon träumen kann, seinem Idol ganz nah zu sein. So ähnlich fühle ich mich, nur dass ich wahrscheinlich nicht noch hunderte andere Mitstreiterinnen habe, die Didi ebenfalls haben wollen. Also, nicht dass ich wüsste.

Ich stelle mir vor, wie ich an der Nordsee sitze: ich warte auf die Flut. Ich warte und warte. Aber sie kommt einfach nicht. So wie ich darauf warte, von Didi bemerkt zu werden.

6

»Die Vergangenheit kann wehtun. Du kannst entweder davor weglaufen oder daraus lernen.« - Rafiki

Am Donnerstagmorgen war es soweit, dass mein Vater kurz davor war, mich einzuweisen. Ich glaube, ich habe ihn noch nie so hilflos gesehen. Er ist überzeugt davon, dass ich Hilfe brauche. Professionelle Hilfe.

Es fing damit an, dass ich panisch aus der Dusche gerannt kam, weil ich dachte, ich würde umkippen. Ich bekam plötzlich keine Luft mehr – zumindest bildete ich mir das ein – und dachte, ich würde daraufhin ohnmächtig werden. In solchen Momenten überkommt mich ein Gefühl der Hilflosigkeit und ich habe das

Bedürfnis, aus der Situation zu flüchten. Ich sprang aus der Dusche und legte mich auf den Boden. Auf die Seite oder auf den Bauch, das hilft mir meistens dabei, ruhiger zu atmen. Beruhigt hatte ich mich nicht wirklich, aber danach konnte ich immerhin aufstehen und mir etwas anziehen.

Anschließend versuchte ich, ein Brötchen zu essen. Auch das funktionierte nicht, weil ich mir einredete, ich könnte mich daran verschlucken. Ich aß sehr langsam und weichte das Brötchen in meinem Mund Stück für Stück auf, um weniger Krümel zu schlucken.

Das Biest machte sich in meinem Kopf so breit, dass mein gesunder Menschenverstand keine Chance mehr hatte, die ganze Sache im Griff zu haben. Es ist immer schwierig für mich, zu unterscheiden, welche Symptome das Biest verursacht und welche echt sind. Ich habe mal gehört, dass Menschen mit Panikattacken ständig beim Arzt sitzen, weil sie eben denken, sie hätten sämtliche Krankheiten. Ich selbst gehe eigentlich nur im Notfall zum Arzt und will eigentlich nicht, dass es bei mir auch so weit kommen würde.

Ich versuchte, mit Carlos zur Schule zu fahren. Doch auch das funktionierte nicht. Ich zitterte am ganzen Körper und schnappte nach Luft. Dann sah ich alles verschwommen. Ich konnte einfach nicht losfahren.

Papa wollte mich dazu überreden, Zuhause zu bleiben. Er würde Therapeuten kontaktieren und ich könnte mich den ganzen Tag ausruhen. Doch ich wollte das Biest diesen Kampf nicht gewinnen lassen, ich wollte zur Schule gehen.

Ich weine schon den ganzen Morgen vor Verzweiflung

und Papa weiß nicht, wie er mir helfen kann. Er weiß, dass ruhig bleiben die beste Hilfe für mich ist und er gibt sich auch große Mühe, ruhig zu bleiben, aber welcher Vater würde sich in solchen Momenten keine Sorgen um sein Kind machen?

Mein Biest ist nicht verschwunden, aber es ist ruhig. Als hätte jemand auf Pause gedrückt und es könnte jederzeit wieder losgehen. Ich sitze im Mathematikunterricht nur am Handy und suche nach psychologischen Beratungsstellen. Ich finde im Internet Kontaktdaten von Beratungsstellen und schreibe einen kurzen Text per Mail:

Hallo,
mein Name ist Janna und ich bin achtzehn Jahre alt.
Ich bin mir nicht sicher, was ich haben könnte, aber irgendetwas ist komisch. Ich habe des Öfteren Panikattacken und fühle mich dadurch im Alltag sehr eingeschränkt.
Ich suche professionelle Hilfe und würde mich über eine Antwort von Ihnen freuen.
Liebe Grüße

Ich drücke auf Senden und stecke das Handy für den Rest der Stunde weg. Ich rechne nicht mit einer schnellen Antwort, ich habe mal gehört, dass Therapeuten immer ausgebucht sind.

In der Pause sehe ich, dass vor wenigen Minuten eine Antwort per Mail kam.

Hallo Janna,

wenn du möchtest, kannst du gerne persönlich für ein Gespräch vorbeikommen. Den weiteren Verlauf besprechen wir dann.

Wenn du das nicht möchtest, haben wir dafür Verständnis. Für eine telefonische Beratung stehen wir dir auch gerne zur Verfügung.

Du brauchst keine Angst zu haben.

Alles Gute und vielleicht bis bald.

A. Behrendt
Psychologische Beratungsstelle

Ich schaue noch einmal im Internet auf die Homepage der Beratungsstelle, um mir die Öffnungszeiten anzusehen. Donnerstags ist sie nur bis fünfzehn Uhr geöffnet. Ich überlege nicht lange, bis ich beschließe, die letzte Stunde zu schwänzen.

Ich melde mich im Sekretariat der Schule krank, gebe Kayla Bescheid, wo ich hinfahren würde, und nehme den nächsten Bus zu der Adresse, die im Internet steht.

Die Beratungsstelle hat kein eigenes Wartezimmer. Im gleichen Haus gibt es eine Physiotherapie, mit der sie sich das Wartezimmer teilen.

Ich setze mich auf einen der freien Plätze und warte. In dem Wartezimmer gibt es genau eine Toilette für alle. Draußen steht auf der Tür, dass dies eine barrierefreie Toilette sei. Das sammelt schon mal Pluspunkte, weil ich das Wort Behinderten-WC nicht ausstehen kann.

Aus dem Pausenraum der Physiotherapie kommen ständig Therapeuten, die ihre Patienten nacheinander aufrufen und nach und nach leert sich das Wartezimmer, bis ich dort alleine sitze.

Neben mir auf einem Tisch steht eine große Vase mit orangenen Tulpen darin, welche meine Aufmerksamkeit auf sich ziehen. Meine Mutter brachte mir als Kind immer Blumen mit, wenn ich krank war. Diese Tulpen erinnern mich daran, dass Mama immer sagte »Schau dir diese wunderschönen Blumen an, dann geht es dir ganz schnell besser.«

Ich weiß nicht mal, wie die Therapeutin aussieht oder auf wen ich hier eigentlich warte. Doch dann höre ich Schritte auf dem Flur, die immer näher kommen.

Eine Frau mittleren Alters kommt in das Wartezimmer und sieht mich an, weil außer mir niemand mehr dort sitzt.

»Verraten Sie mir Ihren Namen?«, fragt sie mich.

»Janna«, antworte ich schüchtern.

Sie schüttelt mir die Hand zur Begrüßung (schon mal fortschrittlicher als mit Didi) und sagt »na dann kommen Sie mal mit«.

Ich folge ihr den langen Weg entlang zum Behandlungsraum. An den Wänden, die schon ein bisschen abgenutzt sind, hängen viele selbstgemalte Bilder und der Boden war aus Linoleum, also quietschte er bei jedem Schritt.

In der Mitte des Raumes stehen zwei große schwarze Sessel. An einer Wand steht ein Schreibtisch und im Raum verteilt befinden sich noch einzelne Regale mit ganz vielen Ordnern darin.

»Setzen Sie sich.« Sie deutet auf einen der Sessel, den, der näher an der Tür steht.

Sie sucht noch etwas in ihren Unterlagen und dann

kommt sie mit einem Stapel Blätter wieder und setzt sich ebenfalls.

»Wie geht es Ihnen?«, fragt sie mich.

»Ganz gut, denke ich. Ich bin etwas nervös.«

»Alles gut, das müssen Sie gar nicht sein. Ich möchte Ihnen die Möglichkeit geben, über belastende Dinge zu sprechen. Wenn Sie etwas nicht erzählen möchten, müssen Sie das auch nicht. Ich habe Ihnen hier schon mal Fragebögen mitgebracht. Die können Sie ganz in Ruhe und vor allem alleine Zuhause ausfüllen. Wenn Sie wiederkommen möchten, bringen Sie diese zur nächsten Sitzung wieder mit. Aber das können Sie sich noch überlegen und nach unserem Gespräch entscheiden.«

Bis jetzt spricht nichts dagegen, wieder herzukommen, denn sie ist mir sehr sympathisch. Dennoch hebe ich mir meine Antwort bis zum Ende der Sitzung auf.

Sie: »Was hat Sie denn dazu gebracht, die psychologische Beratungsstelle aufzusuchen?«

Ich: »Ich habe schon seit längerer Zeit das Gefühl, fremdgesteuert zu sein. Da ist irgendetwas in meinem Kopf.«

Sie: »So etwas wie eine Stimme?«

Ich: »Nicht direkt eine Stimme. Aber eine höhere Macht, die meinen Alltag kontrolliert und sich von nichts aus der Ruhe bringen lässt. Ich nenne es *das Biest*, weil es in meinen Augen ein böser Fremdkörper in mir ist. Als würde es, wie bei einem Videospiel, Knöpfe drücken, die meine nächste Handlung bestimmen.«

Sie: »Wie fühlen Sie sich, wenn das Biest auftaucht?«

Ich: »Ich habe Angst. Ich fange an zu zittern und zu

schwitzen. Manchmal sehe ich Dinge verschwommen. Weil ich das Gefühl habe, ich muss vor dem Biest flüchten, renne ich panisch durch die Gegend, wenn es auftaucht. Ich beende Sachen, die ich gerade tue und lasse alles stehen und liegen. Wenn ich schlafen will, bleibe ich wach. Wenn ich gerade esse, höre ich damit auf. Ich habe immer das Bedürfnis, aus der Situation zu flüchten. Ich fühle mich dabei so unwohl und fremdgesteuert, als würde es mich in dem Moment zu einhundert Prozent einnehmen.«

Sie: »Wovor haben Sie denn Angst, wenn das Biest auftaucht? Also was ist das Schlimmste, das Ihnen passieren sollte?«

Ich: »Na ja, meistens habe ich Atemnot und dann habe ich Angst, umzukippen. Umfallen und von keinem gefunden werden. Umfallen und nicht mitbekommen, was gerade mit mir passiert.«

Sie: »Sind Sie denn schon einmal umgefallen?«

Ich: »Nein. Ich habe auch sonst keine Beschwerden mit meiner Atmung oder meiner Sehstärke, nur wenn das Biest aktiv ist.«

Sie: »Ich verstehe. Sie dürfen auf keinen Fall gegen das Biest ankämpfen. Sie müssen sich dem Biest annehmen und dass Sie ihm einen Namen gegeben haben, ist schon mal der erste Schritt in die richtige Richtung. Das was Sie als Ihr Biest bezeichnen, sind Panikattacken. Diese werden erfahrungsgemäß immer schlimmer, je länger Sie gegen sie ankämpfen.«

Ich: »Ja, das Gefühl hatte ich auch schon.«

Sie: »Nun müssen wir aber noch klären, woher diese Panikattacken kommen. Erzählen Sie mir ein bisschen mehr von sich. Fangen wir doch mit der Kindheit an. Wie ist die Beziehung Ihrer Eltern untereinander und zu Ihnen?«

Ich: »Eher kritisch. Sie stritten immer sehr viel und das wegen jeder Kleinigkeit. Aber es war immer meine Mutter, die diese Streits provozierte. Mein Vater ist da eher harmoniebedürftig und kann sich nicht streiten, genau so wie ich. Aber meine Mutter brauchte das irgendwie. Dann ist sie vor zehn Jahren abgehauen und hat einen anderen Mann geheiratet. Seitdem leben Papa und ich alleine.«

Sie: »Und mit Ihrer Mutter wollten Sie nicht mitgehen?«

Ich: »Nein. Mein Vater war total niedergeschlagen, weil er meine Mutter wirklich liebte. Für ihn war es schon schwierig genug, mit dem Verlust seiner Frau klarzukommen, da hätte ich ihn als sein einziges Kind nicht auch verlassen können. Er hat ja wirklich nichts falsch gemacht. Außerdem wollte ich mir nicht ansehen, wie sie mit einem anderen Mann glücklich wird. Ich wünsche ihr, dass sie glücklich ist, aber das Gleiche wünsche ich meinem Vater ebenfalls und deswegen bleibe ich bei ihm.«

Sie: »Das ist wirklich eine starke Einstellung. Vermissen Sie Ihre Mutter?«

Ich: »Ja. Vor allem vermisse ich uns als Familie. Meine Mutter und ich hatten eigentlich ein gutes Verhältnis, bis sie ihren neuen Mann kennengelernt hatte. Es tut sehr weh, dass sie jetzt andere Prioritäten hatte, als mich. Früher war ich ihr Ein und Alles und jetzt kann man an einer Hand abzählen, wie oft wir uns im Jahr noch sehen.«

Sie: »Weiß Ihre Mutter, dass Ihnen das noch wehtut?«

Ich: »Nein, das weiß sie nicht. Ich lasse mir das nicht anmerken und sage immer, alles sei in Ordnung. Mein Gefühl sagt mir, dass wenn sie die Wahl zwischen mir und ihrem neuen Mann hätte, würde sie sich für ihn entscheiden und mit diesem Verlust könnte ich vermutlich nicht umgehen. Deswegen lasse ich lieber alles so, wie es ist.«

Sie: »Aber das macht Sie sehr unglücklich und vor allem wird es mit der Zeit nicht besser. Wenn Sie alle Dinge, die Sie belasten, in sich hineinfressen, zerstören sie Sie von innen und irgendwann muss alles mal raus. So kommt es dann zu den Panikattacken, wenn buchstäblich das Fass überläuft. Es ist wie ein Wutausbruch nach innen, nur dass die Person, die den Frust verursacht, ihn nicht abbekommt. Sondern Sie selbst.«

Ich: »Ja, das mag sein, aber bisher konnte ich mich noch nicht überwinden.«

Sie: »Gab es in Ihrer Kindheit noch andere Dinge die bedeutend, oder gar traumatisierend, für Sie waren?«

Ich: »Nicht wirklich bedeutend. Eher traumatisierend, denke ich.«

Sie: »Möchten Sie davon erzählen?«

Ich: »Ja, das ist jetzt ungefähr zwei Jahre her. Ich war abends bei meiner besten Freundin und wollte nach Hause laufen, weil ich damals noch kein Auto fahren durfte. Sie wollte mich überreden, dass ich bei ihr schlafe, aber ich wollte aus unerklärlichen Gründen nach Hause. Ich wollte meinem Vater auch keine Umstände machen und ihn fragen, ob er mich abholt, denn es war schon nach Mitternacht.

Also lief ich alleine im Dunkeln nach Hause. Im Nachhinein weiß ich, dass das eine blöde Idee war, aber danach ist man ja bekanntlich immer schlauer. Ich war schon fast zuhause, als ich durch eine Straße lief, die kaum beleuchtet war. Es war eine Abkürzung und ich bin diese schon oft gelaufen und weil mir kalt war, wollte ich so schnell es ging nach Hause.

Es war alles wie immer, bis ich plötzlich einen Filmriss hatte. Ich weiß nicht mehr viel, nur dass plötzlich zwei maskierte Männer aus der Seitenstraße sprangen und mich mit einem Messer bedrohten. Ich lag auf dem Boden, aber ich weiß nicht mehr, ob sie mich geschubst hatten oder ob ich gefallen war. Das Messer war höchstens fünf Zentimeter von meiner Nase entfernt und einer der Männer zog an meinem Rucksack, der nur über einer Schulter hing, also hatte er keine großen Schwierigkeiten, ihn mir wegzunehmen.

Als die Männer ihre Beute hatten, ließen sie mich in Ruhe und ich rannte um mein Leben. Ich bin in meinem Leben noch nie so schnell gerannt wie damals. Ich dachte, sie würden mich noch verfolgen, aber als ich Zuhause ankam, stellte ich fest, dass niemand hinter mir war. Generell war dort Niemand. Auch niemand, der mir in dieser Situation hätte helfen können.

Ich brauchte sehr lange, bis ich realisiert hatte, was da gerade geschehen war. Ich glaube, ich hatte so etwas wie einen Schock.

Als ich Zuhause ankam, war mein Vater glücklicherweise noch wach. Ich fühlte mich dann halbwegs sicher. Er fragte mich, warum ich so erschöpft und was passiert war. Ich erzählte ihm alles und fing an zu weinen.

Am nächsten Morgen fuhren wir direkt zur Polizei, aber ich konnte den Beamten nicht viel erzählen, weil die Männer maskiert waren und ich ihre Gesichter nicht erkennen konnte. Sie trugen schwarze Kleidung und waren nicht auffällig groß, klein, dick oder dünn. Ich beschrieb, wie mein Rucksack aussah und den haben sie auch gefunden. Er lag irgendwo in einer Gasse. Wahrscheinlich hatten die Männer mein Portemonnaie herausgenommen und der Rest interessierte sie nicht. Ich wollte den Rucksack auch nicht wiederhaben, weil er mich an diesen Abend erinnerte. Seitdem gehe ich nicht mehr im Dunkeln nach draußen.«

Sie: »Dass Sie sich nicht mehr an alles erinnern können, ist ganz normal. Das ist eine Schutzfunktion unseres Gehirns, sich nicht mehr an alle Details eines traumatischen Erlebnisses zu erinnern. Ich vermute, dass Sie eine posttraumatische Belastungsstörung haben.«

Sie legt ihre Notizen auf den kleinen Abstelltisch und fährt fort.

»Ich bin guter Dinge, dass ich Ihnen helfen kann. Wenn Sie möchten, finden wir einen neuen Termin, um das Gespräch fortzusetzen. Für heute ist Ihre Zeit leider schon um.«

»Ja, ich würde sehr gerne wiederkommen«, sage ich.

»Gut, dann schauen wir mal nach einem neuen Termin. Passt Dienstag in zwei Wochen um fünfzehn Uhr?«

»Ja das passt.«

»Gut, dann sehen wir uns in zwei Wochen«, sagt sie und wir schütteln uns die Hand.

Ich verlasse die Beratungsstelle und fühle mich sehr erleichtert. Mir kann echt geholfen werden.

17. Mai 2017

Hallo Tagebuch,
Ich war heute das erste mal bei einer Therapeutin.
Sie ist super. Ich fand sie von Anfang an
sympathisch und hoffe, dass ich eine Therapie bei
ihr beginnen kann. Das würde mich so glücklich
machen, schließlich war ich nach dem ersten
Gespräch heute so erleichtert wie noch nie.
Werde ich je wieder normal sein?
Kann sie mich heilen?
Kann mich überhaupt etwas heilen, oder werde ich
für immer so sein wie jetzt, und das Biest in meinem
Kopf mit mir tragen?

Wer weiß das schon, Tagebuch?
Gute Nacht, deine Janna

7

Hoffnung ist wie ein Spürhund... Ohne Spur.

An diesem Wochenende habe ich mir nichts vorgenommen, weil ich mich etwas ausruhen will. Ich stehe gegen neun Uhr auf, weil ich, auch wenn ich die Möglichkeit dazu habe, nie wirklich ausschlafen kann.

Mein Vater steht schon draußen mit einer großen blauen Gießkanne im Garten und bewässert die Blumenbeete. Ich habe das Gefühl, dass je älter man wird, desto früher steht man am Wochenende auf. Bei mir ist es noch relativ spät, Papa hingegen hat um sieben Uhr ausgeschlafen.

»Guten Morgen, hast du Hunger?«, fragt er mich.

»Guten Morgen«, antworte ich. »Ich könnte durchaus etwas essen.«

Ich nehme zwei Teller aus dem Schrank und stelle sie auf den Tisch. Papa beschließt spontan, Pancakes zu machen, weil er weiß, dass ich diese sehr gern mag.

»Ich glaube, wir haben keinen Ahornsirup mehr«, sagt er, nachdem er in alle Küchenschränke geschaut hat.

Der nächste Supermarkt ist nur fünf Minuten zu Fuß von uns entfernt, also laufe ich dorthin, um neuen Sirup zu kaufen. Ich trage noch meine Schlafsachen und meine Haare ähneln wahrscheinlich einem Urwald, aber das ist mir egal, schließlich kennen meine Nachbarn mich so.

Ich stecke mir meine Kopfhörer in die Ohren und suche ein Lied aus. Es sind nur fünf Minuten, aber ich höre bei jeder Gelegenheit Musik.

Ich ziehe mir, passend zu meiner kurzen pinken Hose und meinem T-Shirt, auf dem ganz viele Einhörner sind, grüne Badelatschen an, die gerade im Flur stehen. Für kurze Wege bin ich zu faul, meine Converse anzuziehen.

Ich laufe in Richtung Supermarkt und bekomme fast nichts mit, was um mich herum passiert. In meiner Straße sind um diese Zeit noch nicht viele Menschen wach, nur ein paar Rentner. Die meisten von ihnen sind ganz nett, nur eines der älteren Ehepaare finde ich sehr merkwürdig. Die beiden machen den ganzen Tag nichts anderes als Gartenarbeit und die Frau scheint in diesem Haus das Sagen zu haben, weil sie ihren Mann ständig anschreit. Teilweise kann ich das bis in unseren Garten hören.

Ich habe den Mann den Rasen schon mit der Nagelschere schneiden sehen und seine Frau stand wie ein Sheriff hinter ihm, um zu kontrollieren, dass er ja alles richtig macht. Ich habe echt Mitleid mit dem armen Kerl, schließlich ist er nicht mehr der Jüngste und hat neben der physischen Belastung jeden Tag auch noch seine Ehefrau als zusätzliche psychische Belastung.

Ein paar Häuser weiter wohnt ein Pärchen mit Hund, der mich jedes Mal begrüßt, wenn ich bei ihnen vorbeilaufe. Alle anderen Menschen bellt er an, aber von mir möchte er gestreichelt werden und ich habe das Gefühl, er wird böse, wenn ich das nicht tue. Also streichle ich ihn, schließlich mag ich Hunde. Auch dieses Mal steht er am Gartenzaun und scheint sehr erfreut zu sein, mich zu sehen. Ich habe keine Ahnung, zu welcher Rasse der Hund gehört und die Besitzer wissen das auch nicht, weil sie den Hund im Tierheim gekauft haben. Er ist mittelgroß und hat weißes, flauschiges Fell und ist ein wenig tollpatschig.

Nach dem Streicheln gehe ich weiter zum Supermarkt und schaue an mir herunter. Mir ist bewusst, dass ich immer noch Schlafsachen trage und damit eigentlich kein Problem habe. Bis mir in den Sinn kommt, ich könne ja Didi über den Weg laufen und dann ist es mir vermutlich nicht mehr egal. Aber je mehr ich darüber nachdenke, desto anstrengender finde ich es, jeden Moment so herumzulaufen, als könne mir gleich meine große Liebe begegnen. Vielleicht mag er ja Einhörner oder läuft in seiner Freizeit auch so herum? Bei manchen Lehrern glaubt man gar nicht, dass sie es sind, wenn man sie außerhalb der Schule trifft. Dann sind sie plötzlich ganz andere Menschen. Aber dass Didi auf Einhörner steht, halte ich dann doch für sehr unwahrscheinlich.

Ich komme am Supermarkt an und alles ist wie immer. An der Eingangstür hängt schon seit letztem Winter das

Plakat von Kater Karli, der seitdem vermisst wird. Nur eine einzige Telefonnummer fehlt an dem Zettel und jedes Mal, wenn ich das Plakat sehe, hoffe ich, jemand hat Karli gefunden und zurückgebracht.

An der Kasse sitzt wie immer die gleiche Kassiererin, die rein äußerlich betrachtet für andere Berufe geeigneter wäre – Nageldesignerin oder Friseurin oder so. Sie hat künstliche Haare, Fingernägel, Brüste und aufgeklebte Wimpern. Sie ist keineswegs untalentiert und die Freundlichste von allen Mitarbeitern, aber in das Bild des Supermarkts passt sie irgendwie nicht.

Vermutlich starre ich sie an und sie schaut deswegen in meine Richtung, als ich den Laden betrete – weil sie sich beobachtet fühlt. Ich lächle und gehe an ihr vorbei, zu dem Regal mit den Backwaren, in der Hoffnung, ich würde dort Ahornsirup finden.

Das tue ich. Ich nehme es und gehe zur Kasse, an der die besagte Kassiererin sitzt und schnellstmöglich alle Kunden abfertigt.

Vor mir steht, wie zu erwarten war, eine ältere Dame, die gerade ihren wöchentlichen Großeinkauf macht. Es sind diese kleinen Hassmomente, wie an der Supermarktkasse, wenn jemand vor mir seinen Großeinkauf erledigt oder im Kino, wenn sich eine menschliche Giraffe mit Afro vor mich setzt.

Nervös legt die Frau den Warentrenner hinter ihren Einkauf und mustert mich von oben bis unten. *Ja ja, ich lege meinen Sirup schon in einem Meter Sicherheitsabstand hinter Ihren Einkauf, keine Sorge*, denke ich mir. Sie schaut zu ihrem Einkauf, dann zu mir. Langsam setzt sie mich unter Druck.

»Äh..«, fängt sie an, »gehen Sie ruhig vor, junge Frau, Sie haben ja nur diese eine Sache.«

»Danke, das ist nett«, antworte ich und laufe zum Anfang des Kassenbandes, an der Frau mit dem Großeinkauf vorbei, wo mich die Kassiererin schon erwartungsvoll ansieht.

Menschen, die einen an der Supermarktkasse vorlassen, wenn sie sehen, dass man nur eine Sache kaufen möchte, kommen in den Himmel, da bin ich mir ziemlich sicher.

»Hallo«, begrüßt mich die Kassiererin mit piepsiger Stimme übertrieben freundlich, während sie das Sirup scannt.

»Einen Euro und neunundneunzig Cent bekomme ich bitte. Haben Sie eine Paybackkarte?«, fragt sie. Ich gebe ihr einen Fünf-Euro-Schein und schüttle den Kopf. Ich hasse es, wenn jemand *Sie* zu mir sagt. Schließlich bin ich erst achtzehn Jahre alt und nicht dreißig.

»Kleiner haben Sie es nicht?«, fragt sie.

»Nein.«

»Brauchen Sie den Kassenzettel?«

»Nein.«

»Fußballsammelkarten?«

»Auch nicht.«

»Dann einen schönen Tag noch.«

»Danke, gleichfalls«, sage ich, nehme den Sirup und mein Wechselgeld und gehe in Richtung Ausgang. So viele Fragen wegen einer Flasche Sirup, das überfordert mich ein wenig. Warum kann ich nicht einfach meinen Einkauf bezahlen und wieder gehen? Na ja, wahrscheinlich müssen die Verkäufer das tun.

Ich laufe zurück nach Hause mit Musik in den Ohren

und dem Sirup in der Hand.

Als ich Zuhause ankomme, ist Papa noch dabei, Pancakes zu machen. Ich stelle den Sirup auf den Tisch, ziehe meine Schuhe aus und setze mich auf meinen Platz. An unserem Tisch stehen immer noch drei Stühle, also bleibt einer frei. An diesen Anblick habe ich mich mittlerweile gewöhnt. Ich habe das Gefühl, dass mein Vater sich meinetwegen keine neue Freundin suchen will. Aber ich möchte, dass er wieder glücklich ist und ich vermute, dass ihm eine Frau an der Seite dabei helfen könnte. Denn er kann mir nicht erzählen, dass ihn das, was er gerade tut, zu einhundert Prozent erfüllt. Ich spiele schon seit längerem mit dem Gedanken, ihn bei der Partnersuche zu unterstützen.

»Hast du heute Zeit«, frage ich ihn.

»Ja, ich habe mir nichts weiter vorgenommen.«

»Okay, cool.«

Nach dem Frühstück gehe ich in mein Zimmer und hole meinen Laptop. Währenddessen hat Papa den Tisch schon abgeräumt.

»Was hast du vor?«

»Überraschung«, sage ich und stelle den Laptop auf den Küchentisch.

Ich öffne die Webseite eines Datingportals, bei dem ich Papa anmelden möchte. Er lacht und schüttelt den Kopf.

»Das funktioniert doch niemals«, sagt er.

»Ein bisschen mehr Optimismus, bitte. Such schon mal ein schönes Bild von dir raus.«

Ich fülle den geforderten Steckbrief aus, zumindest mit den Sachen, die ich weiß.

»Können wir bei dem Alter ein bisschen schummeln?

Sonst will mich doch keiner.«

»Papa, du bist dreiundvierzig Jahre alt, das ist doch völlig okay.«

Wir füllen zusammen den Rest aus und fügen ein Foto von ihm ein, das im letzten Urlaub entstanden ist.

Es dauert keine zehn Minuten, bis die erste Nachricht ankommt.

Sabinchen79: Hallo!

Papa sieht sich das Bild der Dame an und stellt schnell fest, dass sie nicht sein Typ ist. Also ignorieren wir die Nachricht und ich schlage vor, dass Papa alleine schauen soll, wer ihm gefällt und wer nicht. Er ist einverstanden und ich gehe zum Sofa und schalte den Fernseher an. Es laufen Nachrichten. Ich habe schon so lange keine Nachrichten mehr geschaut, weil es für meinen Geschmack zu viele Informationen gibt, wo und wann wie viele Menschen sterben, sei es durch Unfälle oder mit Absicht passiert. Durch meinen Kopf fühle ich mich schon genug belastet und ich will mich nicht mit anderen schlimmen Dingen zusätzlich belasten. Jetzt will ich es versuchen, doch es klappt wieder nicht.

Unser Fernseher ist umgeben von einem riesigen Bücherregal, das fast die ganze Wand einnimmt. In einem der unteren Regale entdecke ich einen großen Stapel meiner Jahrbücher aus den letzten Jahren und denke daran, sie mir mal wieder anzuschauen. Es sind sieben Bücher, die ich seit der fünften Klasse gesammelt habe.

Als Erstes schaue ich mir die Bücher aus der fünften und sechsten Klasse an, weil diese mit Abstand am witzigsten sind. Kayla und ich waren neun Jahre alt, als wir in die fünfte Klasse kamen. Wir wurden beide mit fünf Jahren eingeschult und sind schon immer die Jüngsten in der Klasse gewesen. Dementsprechend jung sehen wir auf den Bildern auch aus, im Gegensatz zu den anderen Leuten in unserer Klasse. Die meisten waren eher frühreif, aber wir sahen aus wie niedliche Kinder. Man sieht uns unsere Unbeschwertheit an, die heute irgendwie fast verschwunden ist.

In den Jahrbüchern von der siebten bis zur neunten Klasse kann man echt jeden Schritt der Pubertät beobachten. Alle Mädchen bekamen Brüste, die einen schneller und die anderen langsamer. Die Jungs bekamen Pickel, welche bei manchen bis heute nicht verschwunden sind.

Als ich in der achten Klasse war, kam Didi zu uns an die Schule und ist seitdem mein Englischlehrer. Er wurde gleichzeitig auch Klassenlehrer im Jahrgang über uns. Auf diesem Klassenfoto sieht er noch ganz anders aus als jetzt, aber scheinbar nicht anders genug, denn damals fand ich ihn auch schon toll.

Mit meinem Handy mache ich ein Foto von seinem Bild, schaue mir noch die restlichen Bücher an und fotografiere ebenfalls brauchbare Bilder ab. Auf meinem Handy habe ich einen versteckten Ordner für solche Fotos, falls es jemand mal finden oder klauen sollte. Dass jemand die Fotos findet, die ich nur durch Stalking gefunden habe, wäre mir unangenehm. Manchmal, wenn es mir schlecht geht oder ich vor dem Einschlafen an etwas Schönes denken möchte, schaue ich mir diese Bilder an.

Nach einer Weile macht sich Papa bemerkbar.

»Schau mal Janni, ist das nicht dein Englischlehrer? Oder sein Zwillingsbruder?«

Ich stehe sofort auf, weil ich wissen will, um wen es geht. Ich starre das Bild auf dem Laptop an und sage nichts.

»Ist das nicht dein Englischlehrer?«, fragt er erneut. Ich starre immer noch auf das Foto.

»Äh, ja«, sage ich. Ich will mir nichts anmerken lassen. »Witziger Zufall.«

»Ist der nett?«, fragt Papa.

»Klar«, sage ich. »Aber wieso suchst du denn nach Männern?«

»Ich glaube, die werden mir automatisch angezeigt. Kann man das so einstellen, dass ich nur Profile von Frauen sehe?«

In den Einstellungen finde ich diese Option und ändere sie. Man kann zwischen *Männer*, *Frauen* und *Beides* wählen.

Ich erkläre Papa, dass ich mal kurz weg müsse und laufe in mein Zimmer, um mein Handy zu suchen. Ich rufe Kayla an.

»Hast du es dir doch anders überlegt und willst mit mir abhängen?« Begrüßungen am Telefon sind nicht so ihr Ding.

»Soll ich Didi schreiben?«

»Wie jetzt?«

»Ich habe ihn auf so einer Seite entdeckt. Soll ich?«

»Selbstverständlich. Aber was für eine Seite?«

»Eine Seite um einen Partner zu finden.«

»So nötig hast du es also?«

»Nein das war das Profil meines Vaters«

»Du suchst einen Partner über das Profil deines Vaters? Und der sucht nach Männern?«

»Nein!«

»Ich verstehe hier gar nichts mehr..«

Nebenbei errichte ich mir auch ein Profil auf dieser Seite. Ich würde mich prinzipiell nie mit Menschen treffen, die ich auf solchen Seiten kennenlerne, dafür ist mein Urvertrauen in fremde Menschen zu schlecht. Ich muss herausfinden, ob das Profil wirklich von Didi ist, oder ob sich jemand einen blöden Spaß erlaubt.

Ich logge mich über mein Handy ein, weil mein Laptop noch unten bei Papa steht. Kayla ist immer noch am anderen Ende der Leitung.

»Was mache ich hier eigentlich?«, denke ich laut.

»Willst du die Wahrheit oder was Schönes hören?«, fragt Kayla. Ich lasse ihre Frage unbeantwortet.

Ich klicke auf das Nachrichtensymbol auf seinem Profil doch tippe erst einmal nichts ein. Was schreibt man schon seinem Lehrer, dessen Profil man im Internet findet?

Nach langer Überlegung schreibe ich einfach nur *Hallo*. Ich warte den ganzen Abend, doch es kommt keine Antwort.

Papa hingegen hat mehr Erfolg als ich. Er strahlt vor Freude, als er mich zu sich winkt, um mir das Profil einer gewissen Nina zu zeigen. Ich werfe einen Blick auf meinen Laptop. Sie ist richtig hübsch und sieht, was soll ich sagen, meiner Mutter verdammt ähnlich. Papa hat sein Beuteschema in den letzten Jahren wohl nicht geändert.

»Verabrede dich doch mit ihr«, schlage ich vor und lege meine Hand auf seine Schulter. Papa macht den Eindruck, als müsse er sich mit dieser neuen, modernen Funktion erst einmal anfreunden. Schließlich ist es das erste Mal, dass er versucht, jemanden über das Internet kennenzulernen. Meine Mutter lernte er damals ganz klassisch in der Disco kennen. Zu der Zeit, in der man Leute einfach ansprach, wenn man sie gut fand. Für mich ist das sowieso unvorstellbar, aber bei den beiden bin immerhin ich daraus entstanden.

Ich liebe es, wenn mein Vater mir die Geschichte erzählt, wie er meine Mutter kennengelernt hat. In dem Moment lässt es mich alle schlechten Erinnerungen an sie vergessen und ich finde es schön, Papa so strahlen zu sehen. Er ist über sie hinweg, aber wenn er von ihr erzählt, klingt er wie ein verknallter Teenager.

Papa war damals mit seinen Freunden in einer kleinen Disco, irgendwo auf dem Dorf. Klingt irgendwie ziemlich öde, aber so wie er es immer beschreibt, war es das Highlight der Woche, am Samstagabend dort hinzufahren. Mein Vater war unter seinen Freunden *der Schüchterne*. Sein bester Freund war das Gegenteil von ihm: er lernte dort jedes Wochenende ein neues Mädchen kennen, während mein Vater nur schüchtern daneben stand. Ich finde das irgendwie niedlich.

»Eines Abends aber, als deine Mutter zum ersten Mal in der Disco auftauchte, war ich plötzlich wie ausgewechselt und konnte gar nicht anders, als sie anzusprechen«, sagt er immer. »Sie war so wunderschön und ich dachte, das würde ich mir nie verzeihen, wenn ich sie jetzt nicht anspreche.« Also nahm er all seinen Mut zusammen und na ja, was soll ich sagen, dann bin entstanden. Immerhin aus Liebe.

Jetzt aber ist es an der Zeit, dass Papa wieder glücklich wird. Ich bezweifle, dass er jemals für eine andere Frau so empfinden kann, wie für meine Mutter, aber er kann ja nicht sein restliches Leben alleine bleiben. Irgendwann werde ich von Zuhause ausziehen und dann ist er ganz alleine.

»Mach doch ein Treffen mit ihr aus«, sage ich. Papa wirkt ziemlich unsicher.

Nina ist fünf Jahre älter als Papa, sagt zumindest das Profil. Ich weiß nicht so recht, ob ich diesen Portalen trauen kann. Meine Mutter ist auch fünf Jahre älter als Papa, vielleicht steht er ja auf Ältere. Ich meine, von irgendwem muss ich das ja haben.

Nina sieht auf dem Bild viel jünger aus, als sie eigentlich ist. Ich finde es generell schwierig, jemanden nach dem Aussehen zu beurteilen, wenn man nur ein Bild kennt.

»Ich weiß ja nicht«, sagt Papa, »ich kann mich doch nicht einfach mit einer Fremden treffen, die ich gar nicht kenne. Was ist denn, wenn sie gar nicht so aussieht, wie auf dem Foto?«

»Vielleicht heißt sie auch Herbert und ist Ende sechzig, wer weiß das schon?«, stachle ich ihn an. Papa schaut mich erst entsetzt an und versteht dann erst, dass es sarkastisch gemeint war.

»Na du machst mir ja Hoffnungen, Janni.«

»Glaub mir, als Frau müsstest du dir mehr Gedanken machen. Na los, schreib ihr, sie gefällt dir doch«, sage ich und fühle mich dabei, als würde ich meine beste Freundin gerade dazu überreden, dem Typen zu schreiben, auf den sie steht.

»Na gut, ich lasse mir etwas einfallen«, sagt Papa und ich überlasse ihm diese Aufgabe und gehe kurz zur Toilette. Als ich wiederkomme, sitzt er immer noch am Laptop. Klar, ich war nicht mal zwei Minuten weg, aber er strahlt. Er stützt seine Ellenbogen auf dem Tisch ab und legt sein Kinn auf die Hände – er grinst über beide Ohren.

»Rate mal, wer heute Abend eine Verabredung hat.«

Ich freue mich total.

»Aber dann bin ich zum Abendessen gar nicht da. Soll ich dir etwas vorkochen oder noch etwas einkaufen?«, fragt er ganz nervös.

»Papa, ich bin achtzehn Jahre alt, ich kann mich schon selbst versorgen«, sage ich und stütze meine Arme an meiner Hüfte.

»Na gut, ich lasse dir Geld hier. Du kannst dir ja eine Pizza bestellen, wenn du möchtest.«

Er legt einen Fünfzig-Euro-Schein auf den Küchentisch. Ich weiß nicht, ob ich es komischer finde, dass er mir circa acht Stunden, bevor er das Haus verlassen wird, Geld auf den Tisch legt, oder dass er denkt, ich bräuchte fünfzig Euro für mich alleine zum Abendessen.

*

Eine halbe Stunde bevor Papa los muss, ist er noch nervöser als den ganzen Tag zuvor.

»Kann ich so gehen?«, fragt er mich, während er einen Blick in den Spiegel im Flur wirft. Er zupft an seinem Hemd und zieht es zurecht. Ich habe ihn ewig nicht mehr im Hemd gesehen, ich weiß gar nicht, wie lange das schon her ist. Aber es steht ihm gut, er könnte öfter welche tragen.

»Klar«, sage ich, während ich in einer der Schubladen in der Küche den Flyer der Pizzeria suche, bei der ich mir mein Abendessen bestellen werde.

»Ruf mich an, wenn etwas ist, mach bitte keine Kerzen an und mach alles aus und zu, wenn du schlafen gehst«, sagt er und erkennt vermutlich in meinem Blick meine Gedanken: *Man, Papa, ich bin volljährig, vertrau mir doch einfach.* Ich sage nichts und versuche ihm meine Gedanken über meine Mimik mitzuteilen.

»Ja, ist ja gut, ich vertraue dir«, sagt er, während er seine Jacke anzieht. Normalerweise ist mein Vater die Ruhe selbst, aber heute ist er anders. Mittlerweile habe ich den Flyer gefunden und setze mich aufs Sofa, um meine Pizza zu bestellen. Papa steht noch immer vor dem Spiegel im Flur.

»Wünsch mir Glück.«

»Das mache ich! Ich will danach alles wissen!«, rufe ich ihm zu und er schließt lachend die Haustür. *Na gut, nicht alles*, sage ich leise vor mich hin.

Circa vierzig Minuten später kommt meine Pizza, ohne Rucola, wie ich sie eigentlich haben wollte. Na ja, der Mann am Telefon hat mich sowieso nicht so gut verstanden. Ein Wunder, dass er unser Haus gefunden hat.

Ich setze mich mit meiner Pizza aufs Sofa und schaue zum hundertsten Mal *Arielle die kleine Meerjungfrau*, weil es schon seit Jahren mein Lieblingsfilm ist.

Nebenbei schreibe ich ein bisschen in meinem Tagebuch, weil ich den Film schon mitsprechen kann. Ich esse die Hälfte meiner Pizza, schreibe meinen Tagebucheintrag und schlafe dann auf der Couch ein.

19. Mai 2017

Hi Tagebuch,
ich habe Didi auf einer Datingseite gefunden –
kannst du das glauben? Ich habe ihm sogar
geschrieben, allerdings kam keine Antwort. Na ja,
zumindest Papa hat ein Date, das freut mich total
für ihn!
Und ich tue das, was ich am besten kann:
Disneyfilme schauen und Pizza essen.

Gute Nacht,
deine Janna

8

Es gibt Situationen, auf die kann man sich nicht vorbereiten.

Um Geld für unseren Abschlussball zu sammeln, lässt sich unser Jahrgang ständig neue Sachen einfallen. Wir haben nicht mehr viel Zeit und nutzen deshalb jede Gelegenheit. Was den Zusammenhalt betrifft, ist in unserem Jahrgang echt noch Luft nach oben, aber wenn es um Geld geht, sind alle plötzlich das stärkste Team, das man sich vorstellen kann.

Wir starten eine Aktion, die im letzten Jahrgang schon gut lief. Man kann uns beauftragen, eine Rose an seine

Liebsten zu verteilen, anonym oder nicht. Man kauft bei uns am Stand auf dem Schulhof die Rose, indem man zwei Euro bezahlt, ein kleines, herzförmiges Schildchen mit dem Namen des Empfängers versieht und entweder seinen Namen darauf schreibt oder nicht. Unseren Stand gibt es insgesamt eine Woche lang auf dem Schulhof und dieser kommt bei allen anderen echt gut an. Nicht nur die Schüler, auch die Lehrer kauften Rosen.

Irgendwie sind Kayla und ich in dieses Projekt hineingerutscht und stehen jetzt in unserer Schulküche mit acht Eimern voller Rosen, die alle in einem Unterrichtsblock verteilt werden müssen. Und weil das allein nicht reicht, setzen wir uns peinliche Haarreifen mit Plüsch-Herzen auf den Kopf. Schließlich sollen wir auch so aussehen, als würden wir buchstäblich Liebe verteilen.

Die Eimer sind nach Klassenstufen sortiert und wir beginnen mit unserem Jahrgang, der Klassenstufe zwölf. Die meisten Rosen sind für Mädchen bestimmt, die diese von ihrer besten Freundin geschenkt bekommen. Es sind aber auch viele Schüler dabei, die ziemlich überrascht wirken, wenn wir ihre Namen vorlesen.

In der achten Klasse gibt es ein Mädchen, das acht Rosen von uns erhält. Ich weiß nicht so recht, ob ich sie dafür beneiden soll oder nicht. Beliebt zu sein ist bestimmt ein schönes Gefühl, das ich leider nie erfahren durfte. Andererseits hätte es mich nicht interessiert, acht Rosen zu bekommen, wenn nicht eine davon von Didi ist.

Das Mädchen scheint von den Rosen unbeeindruckt zu sein. Sie ist schon ziemlich hübsch und scheint das auch zu wissen. Die hoffnungsvollen Blicke von ein paar Jungs aus dieser Klasse wandeln sich schnell in hoffnungslose

Blicke um. Ich habe sofort Mitgefühl mit ihnen, weil ich mich sehr gut in sie hineinversetzen kann.

Wir gehen weiter durch die Klassen und stellen irgendwann fest, dass ein Eimer für die Lehrer bestimmt ist. Von den Eimern der Klassenstufen ist eine Rose übrig geblieben, die kein Namensschild hat und auch auf unser Liste können wir keinen Schüler finden, dem wir vergessen haben eine Rose zu überreichen. Wir stellen sie vorerst zurück in einen Eimer und setzen unsere Runde im Lehrerzimmer fort.

Es sind nur vier Lehrer, die eine Rose bekommen: eine für meine Französischlehrerin, die die von meinem Kurs kommt und eine für unseren Klassenlehrer, welche ebenfalls von uns geschenkt wird. Wir sind schon ziemliche Schleimer, das muss ich zugeben. Die dritte Rose bekommt die Klassenlehrerin einer siebten Klasse, deren Schüler sind anscheinend auch solche Schleimer wie wir. Früh übt sich. Die letzte Rose aus dem Lehrer-Eimer geht an den neuen Sportreferendar, der sowieso von allen Mädchen angehimmelt wird. Erstaunlich, dass nur eine Rose für ihn ist.

Mittlerweile kommen Kayla und ich uns vor wie *der Bachelor*. Wir gehen zurück in die Schulküche und bemerken die einzelne Rose, die noch im Eimer steht.

»Und was machen wir jetzt mit der?«, fragt Kayla.

»Ich weiß es nicht«, antworte ich.

Sie schaut mich kurz nachdenklich an, nimmt die Rose und fordert mich auf, mitzukommen. Wir laufen zum Sekretariat und Kayla befiehlt mir, mit der Rose vor der Tür zu warten, weil sie etwas nachschauen müsse. Keine Ahnung, was sie vorhat, also warte ich.

Sie kommt nicht viel später wieder zurück und fordert mich erneut auf, mitzukommen. Irgendwie habe ich eine Vermutung, wo das hinführen soll, aber sicher bin ich mir bei Kayla nie.

Wir gehen zu einem Raum in der untersten Etage, in der hauptsächlich die fünfte und sechste Klasse unterrichtet wird.

Kayla klopft an die Tür und tritt einen Schritt zurück, also stehe ich, mit der Rose in der Hand, vor der Tür, die gleich aufgehen würde.

»Du kommst aber mit rein«, sage ich und Kayla nickt grinsend, weil sie weiß, was gleich passiert, im Gegensatz zu mir.

Ein kleiner Junge, der höchstens zehn Jahre alt ist, öffnet mir die Tür und ich trete in den Raum hinein. Dort steht Didi. Für einen kurzen Moment denke ich, mir würde alles aus dem Gesicht fallen. Kayla schließt die Tür, nachdem sie den Raum betreten hat. Ich muss improvisieren, was ich sagen möchte, denn darauf bin ich nicht vorbereitet. Fünfundzwanzig Kinder und Didi schauen auf mich und die blöde Rose.

»Ähm.. Hallo«, stottere ich. »Möchten Sie unsere letzte Rose nehmen?«

Notiz an mich selbst: erst denken, dann reden - das hat sich bewährt.

Ich erwarte Gelächter oder einen lustigen Spruch, aber stattdessen strahlt Didi mich an. Die Freude, die er ausstrahlt, kann man durch den ganzen Raum spüren. Ich gehe nach vorne zum Lehrertisch, um ihm die Rose zu überreichen.

»Ja, gerne«, sagt er und nimmt die Rose. Er hört einfach

nicht auf zu lächeln und steckt mich damit total an.

Um die Situation nicht komisch werden zu lassen, drehe ich mich wieder zur Tür und gehe zu Kayla. Bevor ich aber komplett aus dem Raum verschwinde, drehe ich mich noch einmal um. Didi hört nicht auf zu lächeln und ich lächle auch. Dann zieht mich Kayla aus der Tür und schließt diese hinter uns.

»Ich bin so blöd«, sage ich und schlage meinen Kopf gegen die Wand im Flur.

»Erzähl mir mal was Neues. Aber warum denn?«

»Das war der dümmste Satz, den ich hätte sagen können.«

»Na und? Er hat sich doch gefreut. Insgeheim hat er sich bestimmt gewünscht, eine Rose zu bekommen. Und jetzt freut er sich besonders, dass sie auch noch von dir ist.«

Ich versuche, das zu glauben, aber ich fühle mich einfach unglaublich dämlich. Mich dämlich zu fühlen hätte ja gereicht, aber zudem sehe ich auch noch dämlich aus mit meinem Haarschmuck.

PEINLICH – denke ich mir im Nachhinein, bin aber kurz stolz auf mich, dass ich den Mut hatte, mit der Rose auf ihn zuzugehen. Erstens, habe ich überhaupt einen Ton herausbekommen, zweitens, habe ich ihm die Rose überreicht und drittens, bin ich diesmal nicht irgendwo peinlich gestolpert.

Wir gehen zurück in die Schulküche, um unsere Sachen zu holen und wieder zurück in den Unterricht zu gehen.

Was Didi mit der Rose macht, werde ich wohl nie erfahren. Wahrscheinlich lässt er sie in der Schule, sodass seine Frau davon nichts mitbekommt. Was soll er auch sagen, wenn er nach Hause kommt? *Schau mal Schatz, ich habe von einer Schülerin eine Rose geschenkt bekommen,* wohl eher nicht.

Am Nachmittag fahren Kayla und ich in die nächstgrößere Stadt, die bei uns in der Nähe liegt, um nach Kleidern für unseren Abschlussball zu schauen. Wir fahren mit dem Zug dorthin, weil ich nicht gerne mit dem Auto in Großstädten fahre. Das überfordert mich schnell und dann bekomme ich Panik. Vor allem beim Autofahren habe ich Angst vor dem Biest. Ich habe Angst, dass es mir sagt, ich soll gegen einen Baum fahren oder absichtlich einen Unfall bauen. Das ist umso schlimmer, wenn ich nicht alleine fahre.

Wir steigen in den Zug ein und finden erst keinen Sitzplatz, bis wir zwei Klappsitze sehen, die noch nicht belegt sind. Wir setzen uns und warten, bis der Zug losfährt.

Die Fahrt dauert fünfzig Minuten, lang genug, um die Augen zu schließen. Dachte ich.

An der nächsten Station steigt ein offensichtlich sehr betrunkener Mann ein, der (warum auch immer) einen zusammengebauten Ventilator mit sich trägt. Er setzt sich ausgerechnet in unser Abteil, in dem gerade ein Platz frei geworden ist. Der arme Typ, der neben ihm sitzt, wird seine gesamte Zugfahrt von dem betrunkenen Mann vollgequatscht.

Der Mann öffnet seinen Rucksack, der bis oben hin mit Bier gefüllt ist, in Plastikflaschen. IN PLASTIKFLASCHEN. Ich finde es schon eklig, dass er das billigste vom billigsten Bier trinkt, aber die Plastikflaschen sind echt die Krönung.

Der Mann redet so laut, dass der ganze Zug mithören

kann.

Wie zu erwarten war, kippt der Ventilator, der mir nie wirklich stabil zu sein schien, um, und zerfällt in seine Einzelteile. Wir müssen lachen. Der betrunkene Mann hat damit absolut nicht gerechnet und starrt die Einzelteile unbeholfen an. Eine Lösung für dieses Problem zu finden, erscheint ihm scheinbar unmöglich.

Nach ein paar Stationen steigt ein Mann ein, den ich gruselig finde. Er hat nichts Gefährliches dabei oder so, aber er schaut verdächtig in alle Richtungen, als sucht er etwas ganz Bestimmtes. Wahrscheinlich sucht er nur einen Sitzplatz, aber er schaut dabei so unglaublich böse, dass ich Angst bekomme. Zu meiner Beruhigung geht er in ein anderes Abteil.

Ich suche im Zug eine Toilette und stelle mich in die Schlange der Menschen, die ebenfalls zur Toilette müssen und schon warten. Als ich endlich an der Reihe bin, dauert unsere Zugfahrt nur noch gute fünf Minuten.

Ich drehe das Schloss um und als Erstes fallen mir die ganzen Kritzeleien an der Kabinenwand auf.

D - i love you. Hm, hätte von mir sein können.

Ich gehe zu meinem Platz zurück, an dem sich Kayla bestens über den Ventilator-Plastikflaschen-Typ amüsiert.

Der Zug hält an der Station, an der wir aussteigen müssen und der Typ steigt mit uns zusammen aus. Wo möchte man betrunken mit einem Ventilator hin? Wir werden es nie erfahren.

Als wir das Geschäft betreten, scheint Kayla sich zu fühlen, als wäre sie im Paradies. Sie liebt Kleider, ich hingegen war eher der Typ für Jeans und Hoodies und fühle mich in Kleidern nicht so wohl. Auf meinem Abschlussball in etwas anderem als einem Kleid aufzutauchen, erscheint mir jedoch merkwürdig.

Kayla läuft durch das Geschäft und kann sich sofort vorstellen, wie sie in sämtlichen Kleidern aussieht.

»Hallo, kann ich Ihnen behilflich sein?« Die Verkäuferin kommt auf uns zu. Sie ist sehr klein, trägt aber extrem hohe Schuhe, ist sehr schlank und gut gekleidet. Ihre Haare hat sie zu einem Zopf zusammengebunden und beim Make-Up ist sie nicht gerade sparsam.

Sie lächelt uns an. Sie ist höflich, aber nicht aufdringlich. Ich hasse es, direkt nach Betreten eines Geschäfts angesprochen zu werden. Nur diesmal ist es okay, weil ich wirklich keinen Plan habe, wonach ich suche.

»In vier Wochen ist unser Abschlussball«, sagt Kayla.

»Na dann folgen Sie mir bitte.«

Die Verkäuferin zeigt uns ein paar Kleider und hängt sie in die Kabine.

Kayla und ich kommen gleichzeitig zurück aus der Kabine, beide im Kleid.

»Wow, das steht dir richtig gut«, sage ich, während ich sie anschaue.

Sie bedankt sich.

Kayla mustert mich ganz genau und nimmt ein anderes Kleid von der Stange.

»Also, Janni...«, beginnt sie. »In diesem Kleid hier siehst du aus wie das kleine Mädchen, das in ihren Lehrer verliebt ist. Und in dem hier..«, sie deutet auf das Kleid, das sie in ihren Händen hält, »siehst du aus wie die, die ihn auch bekommt.«

Ich muss lachen. Ich probiere das andere Kleid an und, was soll ich sagen, sie hat recht. Irgendwie ist es freizügig, aber andererseits ist alles verdeckt.

Bin ich deswegen mutig genug, es zu kaufen? Nein. Ich fühle mich verkleidet und möchte auf meinen Abschlussball gehen, nicht zum Karneval. Ich entscheide mich für das andere.

Nachdem wir bezahlt haben, verlassen wir das Geschäft und schlendern noch ein wenig über den Platz, der direkt davor liegt. Unser Zug nach Hause kommt erst in dreiundvierzig Minuten und Kayla und ich wollen nicht unbedingt am Bahnhof herumsitzen.

Überall sind Geschäfte und Menschen. Neben einem der Geschäfte sitzt ein offenbar obdachloses Pärchen zusammen mit einem Hund. Sie sind beide noch jung und haben beide Dreads, was ich ziemlich cool finde. Vor ihnen stehen Becher und vor jedem Becher liegt ein dazugehöriges Schild, selbstgemacht aus Pappe. Auf den Schildern steht unter anderem *Bier*, *Gras*, *Hundefutter*, *Essen* und so.

Mir kommt in den Sinn, dass ich eben einen dreistelligen Betrag für ein einziges Kleidungsstück ausgegeben habe. Da finde ich es fast schon traurig, zweimal zu überlegen, ob ich Obdachlosen eine Münze in ihren Becher werfen soll oder nicht.

Ich werfe eine Fünfzig-Cent-Münze in einen der Becher und das Pärchen bedankt sich bei mir. Jeden Tag eine gute Tat. Check.

Wir laufen weiter und sehen einige Sitzbänke nebeneinander stehen. Zwei Bänke sind noch nicht besetzt und wir setzen uns auf eine davon. Neben uns setzt sich ein Pärchen, das einen deutlich großen Altersunterschied hat. Er ist schätzungsweise in den Vierzigern, sie nicht mal zwanzig Jahre alt. Das Mädchen sieht echt hübsch aus und ich kann nachvollziehen, dass er auf sie steht. Sie kuscheln miteinander und küssen sich. Ich finde das aus offensichtlichen Gründen nicht schlimm. Kayla schaut mich an und grinst.

»Auf alten Schiffen lernt man Segeln, nicht wahr Janni?«, fragt sie. Wir prusten beide los, in der Hoffnung, dass die beiden uns nicht gehört haben.

»Je älter das Dach, desto feuchter der Keller.«

»Hör auf jetzt«, sage ich und deute an, sie wegzuschubsen. Wir lachen wieder.

Wir sitzen noch ein bisschen auf der Bank, da kommt ein junger Mann auf uns zu. Er sieht aus wie ein typischer Weltenbummler: ein großer Rucksack auf dem Rücken, eine Gitarre in der Hand und keine Schuhe an.

»Hey«, sagt er.

Kayla und ich sehen uns an.

»Darf ich mich setzen?« Er deutet auf die Bank, auf der wir sitzen. Wir nicken. Er nimmt seine Gitarre auf seinen Schoß und fängt an zu spielen.

»Könnt ihr singen?«, fragt er uns.

»Nicht wirklich«, antworte ich.

»Ich habe mit Freunden eine Wette abgeschlossen. Wir müssen alle Leute dazu motivieren, mit uns zu singen. Wer die meisten Menschen motiviert hat, hat gewonnen«, erklärt er.

»Und wir müssen unterschreiben oder so, dass wir wirklich mit dir gesungen haben? Sonst könntest du ja schummeln und einfach behaupten, du hättest die meisten Leute überzeugt«, merkt Kayla an.

»Nein, ich muss es nicht beweisen, das beruht alles auf Vertrauen«, antwortet er. »Ich habe schon auf der ganzen Welt mit Menschen gesungen.«

Das glaube ich ihm sofort. Er erzählt, dass er sieben Fremdsprachen sprechen und circa eintausend Lieder auswendig spielen kann. Beeindruckend.

»Was kannst du denn gewinnen, wenn du die meisten Menschen zum Singen motiviert hast?«, frage ich ihn.

»Wir haben vorher alle Geld in einen Topf gelegt und der Sieger bekommt den ganzen Topf und spendet ihn für einen wohltätigen Zweck seiner Wahl.«

Für so einen Zweck kann man schon mal singen, denken wir uns.

»Sucht euch ein Lied aus«, fordert er uns auf.

Wir nennen ihm Lieder, die er nicht kennt. Dann entscheiden wir uns für *Lemon Tree* von Fools Garden, weil man diesen Refrain irgendwie mitsingen kann, auch wenn man das ganze Lied nicht kennt.

»Ich kann euch schon mitzählen, wenn ihr nur den Refrain mitsingt«, sagt er, doch wir suchen im Internet nach dem kompletten Text, um von Anfang an mitsingen zu können.

Wir sind gerade dabei, die erste Strophe zu singen, als sich ein älteres Pärchen zu uns setzt. Sie setzen sich vor unsere Bank auf den Boden und hören uns zu. Das Pärchen neben uns dreht sich auch zu uns um und lauscht unserem Gesang, der wirklich schief ist, aber was tut man nicht alles für den guten Zweck.

Jetzt haben wir mehr Aufmerksamkeit, als mir recht ist,

aber dann denke ich darüber nach, warum es so untypisch ist, einfach auf einer Bank zu sitzen und zu singen und warum es nicht mehr Leute gibt, die so etwas tun. Mal abgesehen von Straßenmusikern.

Wir singen das Lied bis zum Ende und der Mann des Pärchens wippt mit, allerdings nicht im Takt, weil er offensichtlich schon das ein oder andere Bier intus hat.

»Geil«, sagt der Mann.

»Wie heißt du eigentlich?«, fragt Kayla den jungen Mann mit der Gitarre.

»Tobi«, antwortet er.

»Geil, Tobi, geil«, sagt der leicht angetrunkene Mann, der mittlerweile auf dem Rücken liegt. Tobi bedankt sich.

Ich frage Tobi, warum er eigentlich keine Schuhe trägt. Menschen, die barfuß laufen, sieht man ja doch nicht so häufig.

»Ganz einfach, weil es gesund ist«, antwortet Tobi, »ich habe vor circa zwei Jahren angefangen, keine Schuhe mehr zu tragen, weil ich sehr unter Rückenschmerzen litt und diese haben sich seitdem verringert. Außerdem ist Barfußlaufen ein Gefühl von Freiheit, das ich nicht mehr missen möchte. Und ganz nebenbei ist es das Gesündeste was du für deine Füße tun kannst.«

»Hast du nie wieder Schuhe getragen?«, fragt Kayla.

»Doch«, sagt er. »Ich habe immer Schuhe dabei, falls ich mal zum Zug rennen muss. Mit Schuhen geht das deutlich besser. Und auf öffentlichen Toiletten ziehe ich auch meine Schuhe an, weil ich nicht wissen möchte, wie viele Bakterien dort auf dem Boden verstreut sind. Da ist der Asphalt hier draußen bestimmt sauberer.«

Über so was habe ich vorher nie nachgedacht. Es ist

eine Selbstverständlichkeit für mich, Schuhe anzuziehen, wenn ich das Haus verlasse. Ich glaube, ich probiere das mal aus. Schließlich sind es draußen weder minus zwanzig noch plus fünfunddreißig Grad, also kann man sich weder die Füße verbrennen noch unterkühlen.

»Ich denke, ich muss weiter«, sagt Tobi, »heute müssen noch einige Leute mit mir singen, schätze ich.«

»Ihr seid mir sympathisch«, sagt er, als er sich nochmal umdreht.

»Geil, Tobi«, sagt der Mann auf dem Boden, der mittlerweile wieder sitzt. Seine Frau hilft ihm beim Aufstehen und sie verabschieden sich ebenfalls von uns.

»Ich glaube, unser Zug kommt gleich«, sagt Kayla.

Ich öffne die Schnürsenkel meiner Schuhe und ziehe sie aus. Meine Socken stecke ich in die Schuhe und dann nehme ich sie in die Hand.

»Im Ernst?«, fragt mich Kayla.

»Man muss alles mal probiert haben. Willst du nicht?«

Sie schüttelt den Kopf. »Später vielleicht«

Wir laufen in Richtung Bahnhof und das, was eben passiert ist, erinnert mich an eine Situation die ich vor einer Weile mit Papa erlebt habe. Wir liefen durch eine Straße, in der auf den ersten Blick ein Haufen Sperrmüll stand. Es war ein Haufen von Möbeln, Teppichen und alten Lampen. Doch als wir dem näher kamen entdeckten wir unter einem der Teppiche ein altes Klavier aus Holz. Papa machte mich darauf aufmerksam und ich verdrehte die Augen. *Was hat er denn jetzt schon wieder vor*, dachte ich mir. Er schob die alten Sachen zur Seite, bis das Klavier wirklich zum Vorschein kam. Es sah alt und benutzt aus, aber Papa wollte testen, ob es noch funktionierte. Als ich vierzehn Jahre alt war, hatte ich mal Klavierunterricht. Ich konnte nie Noten lesen und war generell sehr unmusikalisch, aber weil meine Mutter begeisterte Klavierspielerin war, wollte ich es unbedingt auch mal ausprobieren. Ich probierte immer, Dinge auswendig zu lernen. In der Schule hat das gut geklappt, aber es funktioniert eben nicht immer im Leben.

Mein Fahrlehrer meinte immer »Janna, du kannst beim Autofahren nichts auswendig lernen, du musst verstehen, was und warum du es tust.« Was soll ich sagen, er hatte recht, aber dass ich ein guter Autofahrer bin, habe ich noch nie behauptet.

Papa, der auch Klavier spielen konnte, setzte sich an das Klavier und kappte den Deckel der Tasten nach oben. Ich zog mein Handy aus der Hosentasche und filmte seinen *großen Auftritt*.

Ich überlege, ob ich dieses Video irgendwo gespeichert habe.

»Woran denkst du schon wieder? Maximalromantische Momente mit Didi?«

»Nein, ich hatte nur einen Flashback«

»Ich störe ja nur ungern, aber wenn wir weiter so trödeln, verpassen wir den Zug.«, sagt Kayla.

Ich schaue auf die Uhr.

»Scheiße«, sage ich und laufe einen halben Schritt schneller als sonst.

Der Zug ist voll. Es ist Rushhour und alle wollen zur gleichen Zeit irgendwo hin. Seit wir zum Bahnhof gelaufen sind, bin ich ein bisschen aus der Puste. Aber den Zug um ein paar Minuten zu verpassen wäre ärgerlich.

Im Zug übernimmt das Biest meine Gedanken und ich bin ihnen einfach ausgesetzt. Der geschlossene, enge Raum, in dem ich mich befinde. Die vielen Menschen, die stickige Luft. All das ist zu viel. Ich will es ignorieren, aber wenn ich dies tue, wird die Panikattacke am Ende des Tages nur schlimmer. Ich atme schwerer. Meistens huste ich, wenn ich das Gefühl habe, die Luft wird knapper. Das habe ich mir angewöhnt, weil ich mir einbilde, es würde die Situation besser machen. Jemand, der mich gut kennt, kann in solchen Situationen schlussfolgern: sie hustet – also hat sie gerade Panik.

Ich trinke einen Schluck Wasser, weil ich mir auch dabei einbilde, dass es die Situation verbessert. Wahrscheinlich ergibt es gar keinen Sinn, und medizinisch gesehen hilft Trinken auch nicht gegen Atemnot, aber meinem Kopf ist das egal. Ich muss mir nur einreden, dass es hilft, dann klappt es meistens. Warum soll man Einbildung nicht mit Einbildung bekämpfen? Das ist der Grund, weshalb ich nie ohne etwas zu Trinken aus dem Haus gehe. Es ist schon zwanghaft, immer etwas dabei haben zu müssen, aber es ist okay. Schließlich möchte ich auf das Biest vorbereitet sein und wäre ich das nicht, käme mir die Panikattacke viel schlimmer vor.

Ich huste und trinke abwechselnd. Ich sehe alles verschwommen. Die Luft erdrückt mich. Es ist stickig und ich will so schnell wie möglich aus dem Zug. Mir wird schlecht.

Ist das alles echt? Ich verstehe einfach nicht, warum ich Dinge, bei denen ich sonst nie Probleme habe, plötzlich nicht mehr kann, wenn das Biest auftaucht. Meine Augen funktionieren einwandfrei. Kann ich wirklich nichts mehr sehen oder hat die Psyche Einfluss auf meine Sehkraft? Ich verstehe es nicht.

Kayla hat mitbekommen, dass etwas mit mir nicht stimmt und fragt, was sie tun könne. Reden, einfach reden. Oder mich in den Arm nehmen. Ich brauche das Gefühl von Sicherheit, dass jemand bei mir ist.

Auch wenn du umkippst, es ist jemand da, der die hilft, rede ich mir ein. *Kayla ist bei dir. Du bist nicht allein. Du bist noch nie umgekippt, warum soll es jetzt passieren? Das ist nicht der erste überfüllte Zug, in dem du sitzt. Du schaffst das.*

Nur noch zwei Stationen. Ich setze mir immer neue, kleine Ziele, über die ich mich freuen kann, wenn ich sie erreicht habe. *Nur noch zwei Stationen, dann hast du es geschafft. Gib nicht auf und steig eine Station früher aus, dann hat das Biest gewonnen.*

Jede Station, die ich noch schaffen muss, war ein kleines Ziel.

Nur noch vier Stationen – dann hast du es geschafft.

Nur noch drei Stationen – dann hast du es geschafft.

Jetzt nur noch zwei Stationen – durchhalten.

Du hast die letzten Stationen auch geschafft, dann überlebst du die letzten beiden ebenfalls.

Kayla redet die ganze Zeit und so leid es mir auch tut, ich habe keine Ahnung, was sie erzählt, weil ich einfach nicht zuhören kann. Ich bin ihr trotzdem sehr dankbar dafür, dass sie redet, weil sie mich damit sehr beruhigt. Sie hätte auch panisch werden können – was die Situation eindeutig verschlimmert hätte – aber weil sie nicht besser weiß, was sie machen soll, macht sie einfach das, was ich sage.

Es ertönt schon die Lautsprecheransage des Zugpersonals, dass wir die Endstation, also die, an der wir aussteigen müssen, in wenigen Augenblicken erreichen. Die letzten Minuten fühlten sich an wie Stunden. Erleichterung steigt in mir auf und ich warte auf den Moment des tiefen Einatmens, der alles besser macht. Wenn ich die ganze Zeit nur schwer atmen kann und huste, ist das er erlösende Moment: einmal richtig tief einatmen zu können. Das ist das erste Zeichen von *gleich ist es vorbei. Gleich bist du wieder ganz bei dir und kannst normal weitermachen.*

Die Tür des Zuges öffnet sich. Wir steigen aus und bleiben auf dem Bahnsteig stehen. Ich atme tief ein und es ist das Schönste überhaupt, obwohl es so simpel ist. Ich muss lächeln.

Freiheit. Luft – so selbstverständlich sie für uns sein mag, nach einer Panikattacke ist sie das Schönste auf der Welt. So muss es sich anfühlen, wenn man aus dem Gefängnis entlassen wird: ein unglaubliches Gefühl von Freiheit.

»Schon viel besser«, sage ich zu Kayla.

»Moment mal, mit wem von euch beiden rede ich jetzt?«

»Ich bin wieder alleine«, antworte ich.

»Na sehr schön, ich habe mich nämlich schon darauf gefreut, den restlichen Abend mit dir alleine zu verbringen.«

Wir fahren zu mir nach Hause. Nach jedem Tief kommt ein Hoch. Und das genieße ich.

9

Die schönsten Dinge passieren immer
dann, wenn du am wenigsten damit
rechnest

Seit langem habe ich wieder Geschichtsunterricht. Die letzten vier Wochen ist dieser ausgefallen, weil Herr Peters in Elternzeit war.

Didi unterrichtet neben Englisch auch noch Geschichte und deswegen wählte ich diesen Kurs hier für die Oberstufe an, Geschichte bilingual. Weil ich dachte, Didi würde ihn bekommen. Leider war das nicht der Fall und Herr Peters bekam den englischen Kurs. Didi bekam den deutschen Geschichtskurs, der genau zur gleichen Zeit stattfindet, wie der Englische.

Ja, manchmal hasse ich mein Leben.

Jetzt sitze ich hier und langweile mich, weil Herrn Peters' Unterricht perfekt dafür gemacht ist, sich zu langweilen. Er ist nicht der typische, altmodische Lehrer, wie man ihn kennt. Er hat für das komplette Schuljahr eine PowerPoint Präsentation vorbereitet und das ist sein einziges Unterrichtsmaterial. Keine Tafelbilder, keine Arbeitsblätter und ab und zu ein Buch. Wir kommen quasi jede Stunde zum Unterricht, um uns Stück für Stück die Präsentation abzuschreiben.

Theoretisch hätte er unserem Kurs am Anfang des Schuljahres die Präsentation geben können und wir hätten uns dann nur für die Tests getroffen. Sein Unterricht ist ideal dafür, Hausaufgaben zu machen oder über sein Leben nachzudenken.

Ich lerne noch die restlichen Vokabeln für Französisch, die ich in der nächsten Stunde für den Test wissen muss. Ich schreibe mir Karteikarten immer voll mit Vokabeln, bis ich sie kann und markiere die, die ich noch nicht sicher kann. Leise spreche ich sie mir immer wieder vor: *le saveur, le fournisseur, épluché.*

Wir behandeln das Thema Gastronomie und schreiben ab und zu Vokabeltests, sodass die schwächeren Schüler eine Chance auf eine gute Note bekommen. Vokabeln muss man schließlich nur auswendig lernen und nicht verstehen.

Ich versuche, mir die drei Vokabeln noch einzuprägen, doch dann werfe ich einen Blick nach vorn zu Herrn Peters, der ein Zitat auf die weiße Wand neben der Tafel projizieren lässt.

»Die Schule ist eine Säule des Lebens, ist sie zu lang, ist

das Leben zu kurz.« - Rico Hetzschold

Wir sollen darüber diskutieren, aber ich bin zunächst auf meine Vokabeln fokussiert. Irgendwann muss ich über diesen Satz nachdenken. Allerdings beteilige ich mich nicht an der Diskussion, weil ich mich in diesem Kurs einfach nie beteilige, sondern denke für mich selbst.

Meine Schulzeit soll demnächst vorbei sein, aber ich weiß jetzt schon, dass ich diese Zeit vermissen werde. Schule ist ein Ort, an dem so viel passiert. Dinge, die einen für immer prägen werden und die man sich zwanzig Jahre später noch erzählt. Die erste große Liebe im Alter von sechzehn Jahren, mit der man von einer Zukunft träumt, eine Familie gründen und den Rest des Lebens verbringen will. Anschließend folgt dann der große Liebeskummer.

Man kann als Schüler so viele Träume haben. Für viele Kinder ist Schule eine Qual und viel zu anstrengend, aber wenn das Ende der Schulzeit auf einen zukommt, merkt man, wie schön die Zeit eigentlich war und wie unbeschwert man leben konnte. Die größte Sorge die man hat ist, wie man sechs Wochen Sommerferien totschlagen kann.

Je näher das Abitur rückt, desto mehr wird mir bewusst, dass der Ernst des Lebens erst losgeht.

Irgendwann kommen Zukunftsängste hinzu, weil man sich selbst und seine Familie nicht enttäuschen will. In der Schulzeit hat man Angst, schlechte Noten zu beichten. Das ist nicht zu vergleichen mit einem Studium. Ich befürchte, dass ich durch die Schule gar nicht weiß, was Lernen wirklich heißt.

In der Schule verbringt man so unendlich viel Zeit mit

seinen Freunden. Wenn man keine Hausaufgaben für den nächsten Tag aufbekommen hat, kann man mit seinen Freunden nach der Schule zum Strand oder in die Stadt fahren und einen schönen Nachmittag zusammen genießen. Nach der Schulzeit merkt man dann, wer die echten Freunde sind und mit wem man nur befreundet war, weil man sich fünf Tage in der Woche gesehen hat.

Nicht zu vergessen sind die Klassenfahrten. Fahrten, die eigentlich für Bildung gedacht sind, aber nie dafür genutzt werden. Auf jeder Klassenfahrt gibt es mindestens ein Beziehungsdrama und die Mission der meisten Schüler ist es, heimlich Alkohol zu konsumieren und einfach eine coole Zeit zu haben. Morgens früh aufstehen, durch Museen latschen, Vorträge anhören, Stadtrundfahrten machen und Neues über andere Kulturen lernen. Und wenn man Glück hat fahren die coolen Lehrer mit, die im besten Fall am Ende des Tages betrunkener sind als man selbst.

Klar nervt es, täglich zu lernen, Gruppenarbeit mit Leuten zu machen, die man nicht leiden kann oder für Fächer früh aufzustehen, die man noch nie konnte. Man freut sich, dass die weniger schönen Sachen wie Mathe vorbei sind, aber wenn die schönen Ereignisse überwiegen, macht es einen doch traurig, wenn es vorbei ist.

Meine Mitschüler diskutieren und ich werde leicht melancholisch, vertieft in meine Gedanken.

Es klingelt, die Stunde ist vorbei. Kayla ist nicht in meinem Geschichtskurs, also treffen wir uns in der Raucherecke, anstatt zusammen hinzulaufen.

Auf dem Weg nach draußen kann ich Didi durch ein Fenster sehen. Gegenüber von ihm steht eine Frau, vermutlich seine, die extrem wütend aussieht. Sie fuchtelt mit ihren Händen und redet sehr laut, aber ich kann nicht verstehen, was sie genau sagt. Didi macht den Eindruck, als wüsste er nicht, wovon sie spricht. Ich will sie nicht anstarren und gehe weiter.

Kayla steht schon neben dem Mülleimer, neben dem wir immer stehen, wenn sie raucht, und wartet auf mich.

»Du siehst aus, als hättest du gerade einen Geist gesehen«, sagt sie, charmant wie immer, bevor ich ihr einen guten Morgen wünschen kann.

»Ich glaube, ich habe Didis Frau eben gesehen.«

»Geister. Sag ich doch.«

»Ich bin mir nicht sicher, ob sie es war, aber sie sah ziemlich wütend aus«, erkläre ich.

»Vielleicht hat sie das Profil entdeckt, von dem du mir erzählt hast«, sagt Kayla.

Das kann durchaus sein, denke ich mir. Aber sie kommt deswegen extra zu seinem Arbeitsplatz, um ihn zur Rede zu stellen und das wegen eines Profils auf einer Datingseite?

»Hat er dir da eigentlich geantwortet?«, fragt sie mich.

Ich schüttle den Kopf. Er hat die Nachricht nicht einmal gelesen, also ist er vielleicht gar nicht mehr auf der Seite aktiv.

»Ich habe nachher noch ein Gespräch mit ihm«, sagt Kayla, die das Glück hat, in seinem Geschichtskurs zu sein.

»Du kannst ja vor dem Raum auf mich warten, so ganz zufällig.«

Diese Idee gefällt mir, aber ob er uns abnimmt, dass es Zufall ist, bezweifle ich. Nach der peinlichen Übergabe der Rose ist zwar schon Zeit vergangen, aber ich weiß nicht, wie er reagieren würde, wenn ich *zufällig* wieder vor seinem Raum stehe.

Nach dem Klingelzeichen bin ich schon auf dem Weg zum Raum, in dem ich Französisch habe, als Didi mir im Flur völlig aufgelöst entgegenkommt.

Ich sage freundlich »Hallo« und er grüßt zurück, aber er nimmt mich nicht wirklich wahr.

Ich betrete das Klassenzimmer und sagenhafte zwei Menschen sitzen schon drinnen. In meinem Kurs sind insgesamt nur elf Schüler, weil Spanisch deutlich beliebter ist und in meinem Jahrgang irgendwie niemand Französisch belegen möchte. So ist unser Kurs ganz angenehm und nicht wie die Spanischkurse vollgestopft mit fünfundzwanzig Schülern.

Nach mir betreten noch vier weitere Mitschüler den Raum, gefolgt von unserer Französischlehrerin. Es klingelt zur Stunde.

»Oh, wenn gar nicht alle da sind, verschieben wir den Test. Schließlich braucht ihr alle noch eine Note«, sagt sie und verlässt den Raum wieder. Sie kommt mit einer DVD zurück und wir schauen die restliche Stunde einen französischen Film über die Beziehung der Belgier zu den Franzosen. Es ist eine Komödie, aber ohne Untertitel verstehe ich nichts, weil die Franzosen so unglaublich schnell sprechen. Aber durch Mimik und Gestik der Schauspieler verstehe ich auch, worum es geht und kann mich ebenfalls amüsieren.

Nach dieser absolut sinnvollen Unterrichtsstunde gehe

ich zu dem Raum, in dem Kayla und Didi ihr Gespräch haben. Die Tür steht noch einen kleinen Spalt offen, also gebe ich mir Mühe, besonders leise zu sein. Ich höre sie reden, über historisches Zeug, das ich noch nie verstanden habe. Scheinbar muss Kayla eine zusätzliche Arbeit abgeben, um ihre Note zu verbessern. Sie reden und lachen und bemerken zum Glück nicht, dass ich quasi mithören kann.

Als ihre Stimmen plötzlich in Richtung Tür kommen, werde ich leicht nervös. Beide laufen nacheinander aus der Tür und unterhalten sich noch, als ich mich auf Didi fokussiere.

Ein bisschen freue ich mich darauf, ihn ungestört anstarren zu können, während Kayla noch mit ihm redet.

»Und worüber hast du deine letzte Arbeit geschrieben?«, fragt Didi. Ich brauche einen Moment um zu realisieren, dass er mit mir spricht.

»Hm?«, frage ich zurück.

»Worüber du deine letzte Arbeit geschrieben hast?«

»Ähm.. Goethe«, stottere ich.

»Oh, na das ist ja nicht so unser Spezialgebiet«, sagt er und schließt die Tür des Raumes hinter sich. Er wünscht uns einen schönen Tag und wir verabschieden uns, als wir in entgegengesetzte Richtungen laufen.

»Wie peinlich war das denn bitte«, sage ich zu Kayla, die unbeeindruckt scheint.

»Dass du mit deinen Gedanken gerade woanders warst, hat man auf jeden Fall gemerkt.«

»Worüber habt ihr gesprochen?«, frage ich Kayla.

»Er hat sich einen neuen Drucker gekauft.«

»Hä?«

»Na das hat er mir erzählt. Sein Drucker war kaputt und dann hat er sich einen neuen gekauft.«

Das ist die brauchbarste Information, die ich heute erhalten habe.

Als ich nach der Schule nach Hause komme, schaue ich fern und drücke mich vor den Hausaufgaben. Es läuft eine Sendung, die *Curvy Supermodel* heißt. Anscheinend ist es wie ein normales Casting für Models, nur dass die Frauen etwas fülliger und nicht so abgemagert wie sonst sind. Ich finde das Format nicht schlecht und spinne mir zusammen, dass ich, wenn später nichts aus mir werden sollte, einfach ein bisschen zunehme und Curvy Model werde. Ich wiege nicht einmal sechzig Kilogramm. Für ein Curvy Model wäre ich zu dünn, aber für ein Model wahrscheinlich zu dick.

Mein Vater kommt vom Einkaufen nach Hause, als die Sendung noch läuft.

»Wollen wir etwas kochen?«, fragt er mich.

»Klar, gerne«, sage ich und mein Magen, der schon zum vierten Mal knurrte, ist mir vermutlich dankbar dafür. Wir kochen Spaghetti mit Gemüsesoße und essen, während wir die Castingshow weiterhin ansehen.

Nach dem Essen gehe ich in mein Zimmer und klappe den Laptop auf, um etwas für meine Hausaufgaben in Geografie zu recherchieren. Ich kann es mir allerdings nicht verkneifen, auf der Datingseite nachzusehen, ob Didi meine Nachricht schon gelesen hat. Ich gebe meinen Nutzernamen und mein Passwort ein und klicke auf unseren Chat. Na ja, eher auf meinen Monolog. Noch keine Antwort. Also klicke ich auf den ersten Tab und recherchiere die Hauptstädte von allen Ländern der Welt, weil wir diese auswendig können müssen. Ich schreibe alle Länder untereinander auf und entdecke dabei so viele Orte, die ich gerne mal bereisen möchte. Wir sind schon ein paar Male in den Urlaub gefahren die letzten Jahre, aber es gibt noch so viele Länder, die mich interessieren.

Als ich mit Europa und Asien fertig bin, piept mein Laptop auf einmal. Ich weiß erst nicht, wo das Piepen herkommt, aber dann sehe ich, dass ich eine Nachricht bekommen habe. Sie ist von Didi.

»Hallo«, schreibt er.

»Hallo, ist alles in Ordnung?«

»Na ja, meine Frau hat dieses Profil hier entdeckt, dabei habe ich es seit über fünf Jahren nicht mehr genutzt. Gibst du mir deine E-Mail-Adresse?«

»janna.lu@gmx.de«, tippe ich ein. Mein zweiter Vorname ist Luise, daher kommt die Abkürzung.

»Danke «, schreibt er kurz angebunden.

Dann ist das Profil gelöscht. Ich hatte nicht einmal Zeit, mir ein Foto vom Chatverlauf zu machen um es Kayla zu zeigen. Ich frage mich, was er mit meiner E-Mail vorhat und ob seine Frau nicht auch einen Weg finden würde, sein E-Mail-Postfach zu kontrollieren.

Ich schalte die kleine Lampe in meinem Zimmer ein, die für gemütliches Licht sorgt. Meine große Lampe an der Decke ist sehr hell und deswegen finde ich sie, vor allem abends, eher unangenehm.

Ich lege mich auf mein Bett. Es ist ein großes, rechteckiges Bett, das in einer Ecke meines Zimmers steht. An der Wand lehnen ganz viele Kissen, sodass ich mich anlehnen kann, wenn ich auf meinem Bett sitze. Meine Decke ist über das ganze Bett ausgebreitet, weil ich finde, dass es so am ordentlichsten aussieht. Ich liege auf der Decke und starte Musik per Bluetooth auf meiner Musikbox. Ich suche ein Lied aus, *Because Of You* von Ne-Yo, und mache kurz die Augen zu. Dann vibriert mein Handy. Eine E-Mail. Ich traue mich erst nicht, nachzusehen, von wem sie ist. Es ist nicht mal eine halbe Stunde her, dass ich Didi meine E-Mail-Adresse gegeben habe. Normalerweise bekomme ich alle Nachrichten über meine Handynummer, also wer soll mir sonst die Mail geschrieben haben?

Ich rufe Kayla an. Es klingelt zweimal, bis sie am Hörer ist.

»Ich hoffe, es ist ein Notfall«, sagt sie. Manchmal komme ich mir blöd vor, wenn ich mit einem *Hallo* als Begrüßung rechne.

»Sozusagen«, antworte ich.

»Und zwar?«

»Ich habe Didi meine E-Mail-Adresse gegeben und jetzt habe ich eine E-Mail bekommen. Aber ich traue mich nicht, nachzusehen, ob sie von ihm ist.«

»Nun mach schon, ich bleibe am Telefon.«

Ich schaue nach. Sie ist wirklich von ihm. Einen Moment lang starre ich nur das Display an und kriege kein Wort heraus.

»Er hat mir seine Handynummer geschickt.«

»Wie bitte?«

»Träume ich gerade?«

»Na, wie speicherst du ihn ein? Herr Diehl? Didi? Mein

super sexy Lehrer?«

»Keine Ahnung, wie speichert man seine Lehrer denn ein?«, frage ich und klinge dabei bestimmt sehr verzweifelt.

»Hey, von mir hast du ausreichend Vorschläge bekommen. Ich muss jetzt schlafen, so wie normale Menschen das um diese Uhrzeit tun. Gute Nacht, hab dich lieb du Freak.«

»Gute Nacht«, sage ich leise und lege das Handy vor mich. Kayla hat bereits aufgelegt.

Ist das gerade wirklich passiert? Mein Kopf ist voll mit den unterschiedlichsten Gedanken und ich krame mein Tagebuch hervor, um sie niederzuschreiben.

24. Mai 2017

Hallo Tagebuch,
Manchmal passieren die schönsten Dinge auf dieser Welt, wenn man am wenigsten damit rechnet.
Ich habe mir die ganze Zeit vorgestellt, wie es wohl wäre, Kontakt zu Didi zu haben. Und jetzt habe ich die Möglichkeit dazu? Kannst du mich mal kneifen? Womit habe ich das denn verdient?
Das glaubt mir keiner. Wenn es mir selbst nicht passiert wäre, hätte ich es auch nicht für möglich gehalten, dass das passiert.
Ich bin ein Glückspilz! Mit diesen Gedanken gehe ich jetzt grinsend ins Bett und freue mich auf alles, was mich noch erwartet.

Juhu!
Strahlend, deine Janni

10

Auch aus Steinen, die dir in den Weg gelegt werden, kannst du etwas Schönes bauen.

Heute habe ich wieder einen Termin bei der Therapeutin. Ich sitze im Wartezimmer, zusammen mit einigen Patienten der Physiotherapie. Auch heute kommen ständig Physiotherapeuten aus dem Pausenraum und fragen immer das Gleiche: »Bekommt noch jemand Strom oder Fango?«

Was zur Hölle soll das sein? Auf jeden Fall melden sich Patienten dafür und verschwinden danach im Behandlungsraum.

Ich höre Schritte, die sich in Richtung Wartezimmer begeben. Meine Therapeutin kommt, um mich abzuholen. Sie trägt Absatzschuhe, die auf dem Parkett deutlich zu hören sind.

»Hallo Janna, gehen Sie schon mal rein, ich muss vorher noch zur Toilette«, sagt sie und ich folge ihrer Anweisung.

Ich setze mich auf den gleichen schwarzen Sessel wie letztes Mal und schaue ein wenig im Raum umher. Es dauert nicht lange, bis sie ebenfalls den Raum betritt.

»Wie ist es Ihnen denn in den letzten zwei Wochen ergangen?«, fragt sie mich.

»Ganz okay«, antworte ich.

»Ich habe die Zeit genutzt und etwas für Sie vorbereitet«, sagt sie und holt ein Blatt Papier aus ihrer Aktenmappe. Es sieht aus wie eine Mind-Map.

Ich frage sie, was das sein soll.

»Ich habe Ihre Psyche in verschiedene Anteile aufgeteilt. Das war meine Vermutung, Sie können ja schauen, ob Sie es genau so sehen oder nicht.«

Sie gibt mir das Blatt und ich betrachte die Übersicht.

Der erste Teil heißt Alltagsanteil – er steht in der Mitte. Das ist sozusagen der bewusste Teil in meinem Kopf, der meine Umgebung wahrnimmt und all das abbekommt, was die anderen Anteile so von sich geben. Mein Alltagsanteil wird anscheinend von vier anderen Anteilen in meinem Kopf beeinflusst, welche im Laufe meines Lebens entstanden sind.

Ich versuche, Zusammenhänge zu finden und den einzelnen Punkten Ereignisse aus meinem Leben zuzuordnen. Diese Anteile sind individuell auf mich abgestimmt, jeder Mensch hat andere Anteile.

Bei dem ersten Anteil, *alleingelassener Anteil,* fällt mir sofort meine Mutter ein und damit hätte meine Therapeutin wohl recht.

»Fallen Ihnen zum alleingelassenen Anteil noch mehr Sachen ein als Ihre Mutter?«

»Na ja, mein Vater musste damals viel arbeiten, als sich meine Eltern getrennt haben. Ich war oft alleine Zuhause. Aber das nehme ich ihm nicht übel, schließlich hatte er keine andere Wahl und manche Dinge muss man einfach hinnehmen, weil man sie nicht ändern kann, schätze ich.«

»Das stimmt, aber das heißt nicht, dass das kleine Mädchen in Ihnen sich dadurch nicht alleingelassen gefühlt hat. Die Erwachsene in Ihnen sagt im Nachhinein, dass es nicht schlimm war, aber Sie müssen sich vorstellen, wie das Kind in Ihnen das findet«, merkt sie an.

Sie hat recht. Aus der Perspektive habe ich es noch nie betrachtet.

»Fällt Ihnen zu den anderen drei Anteilen etwas ein?«, fragt sie und deutet auf die Übersicht, die ich immer noch in der Hand halte.

Ich lese den nächsten Punkt: *harmoniebedürftiger Anteil.* Ich denke nach.

»Zu diesem Anteil fällt mir nur ein, dass meine Eltern sich fast immer gestritten haben und dass ich irgendwann für mich beschlossen habe, dass ich Streit so gut es geht aus dem Weg gehe. Mein Vater denkt da wie ich, weshalb es jetzt sehr harmonisch ist. Es war eher meine Mutter, der man es nicht recht machen konnte. Sie hat die meisten Streits verursacht. Ich habe viel zu große Angst, meine Liebsten zu verlieren, auf jegliche Art und Weise. Und ich glaube, es gibt nichts Schlimmeres, als im

Streit auseinander zu gehen und sich dann nie wiederzusehen.«

»Könnte das etwas mit dem *Verlust befürchtenden Anteil* zu tun haben?«, fragt sie mich.

»Ich weiß nicht. In dem Sinne habe ich noch nie jemanden verloren. Zumindest ist aus meiner Familie noch keiner verstorben.«

»Man kann Menschen auch verlieren ohne dass sie sterben. Wen haben Sie denn verloren, auch wenn nicht durch den Tod?«

»Hm. Mama?«, vermute ich.

»Zum Beispiel. Eine Trennung der Eltern hinterlässt mehr Spuren, als man denkt. Heutzutage ist es in der Gesellschaft schon normal, dass Eltern getrennt voneinander leben, aber für Kinder kann das sehr traumatisierend sein. Die Beziehung der Eltern geht kaputt und die Kinder gleich mit«, erklärt sie.

»Also habe ich meine Mutter verloren, aber irgendwie auch nicht?«, hinterfrage ich.

»So gesehen schon. Deswegen wollen Sie Ihre Mutter auch nicht verärgern, indem Sie ihr sagen, dass sie unglücklich sind. Weil Sie denken, dass sich Ihre Mutter gegen Sie entscheiden würde und das könnten Sie nicht verkraften. Sie könnten es nicht verkraften, sie nochmal zu verlieren.«

»Ich mache mir auch ständig Sorgen um meine Mutter. Ich habe Angst, ihr könnte etwas zustoßen.«

»Sie müssen sich immer die gleiche Frage stellen: *Was spricht hier und jetzt in diesem Moemnt dafür, dass jemandem etwas Schlimmes passiert?* Sie müssen alles hinterfragen, was sich komisch anfühlt. Es ist im Leben nun mal so, dass ständig etwas passieren kann und es ist auch nicht unwahrscheinlich, dass Ihnen oder Ihren Liebsten etwas passiert. Die Wahrscheinlichkeit dafür ist nicht gleich null, aber sie ist auch nicht gleich einhundert. Zum Verlust befürchtenden Anteil würde ich auch den Überfall zuordnen. Sie haben die Erfahrung gemacht, dass schlimme Sachen passieren können und Ihr Kopf projiziert diese Erfahrungen auf alle Personen in Ihrem Umfeld. Der Kopf weiß nach einem Trauma nicht gleich, dass die Gefahr vorüber ist. Ihnen kommt es möglicherweise übertrieben vor, aber das ist ein Schutzmechanismus Ihres Gehirns und das ist ganz normal. Der traumatisierte Teil in Ihrem Kopf will Sie vor weiteren Gefahren schützen.«

»Aber was sagen mir alle diese Anteile jetzt? Ich verstehe jeden einzigen, aber welchen Zusammenhang haben sie und warum ist ein Biest in meinem Kopf?«, frage ich.

»Alle Anteile beeinflussen Ihren Alltagsanteil. Jeder will seinen Senf dazugeben und Sie müssen sich vorstellen, dass alle Anteile den ganzen Tag nur reden. Sie reden auf den Alltagsanteil ein und wollen ihm quasi erzählen, was das Beste für ihn wäre. Und wenn das dem Alltagsanteil zu viel wird, kommt der letzte, der *körperlich reagierende Anteil* zum Einsatz. Der ruft die körperlichen Symptome hervor, sodass Sie sich in diesem Moment mit den körperlichen Beschwerden auseinandersetzen müssen und nicht mit den Anteilen in Ihrem Kopf. Nehmen wir als Beispiel eine Situation mit Ihrer Mutter:

Mal angenommen, sie tut etwas, das Sie verärgert. Der Verlust befürchtende Anteil sagt: *Sag lieber nicht, was dich stört. Sie würde sich im Ernstfall gegen dich entscheiden und wir wollen sie nicht noch einmal verlieren!*

Der alleingelassene Anteil sagt: *Nimm es lieber so hin, wie es ist, bevor du Niemanden mehr hast.*

Und der harmoniebedürftige Anteil sagt: *Sag lieber nichts, du weißt genau, dass es in einem Streit endet und dann ist sie wieder sauer auf dich.*

Dann, letztendlich, springt der körperlich reagierende Anteil an. Der denkt sich dann: *Zack, Kopfschmerzen oder Zack, Panikattacke! Dann musst du dich nicht mit den anderen Quälgeistern hier auseinandersetzen.*

Wenn Sie Ihren Frust oder Kummer für sich behalten und ihn nicht rauslassen, staut sich alles an und eine Panikattacke kann auch so was wie ein Wutausbruch nach innen sein. Wenn Sie, wie Sie sagen, alles in sich hineinfressen, kommen immer mehr Panikattacken. Die Panikattacken sind sozusagen immer abrufbereit, falls es dem körperlich reagierenden Anteil mal wieder zu viel wird. Daher haben Sie auch das Gefühl, dass das Biest immer in Ihrem Kopf wohnt. Die Wahrscheinlichkeit, dass es auftaucht und Symptome verursacht, ist wahrscheinlicher, wenn die Anteile viel zu diskutieren haben. Wenn Sie verstehen, was ich meine.«

»Also bin ich irgendwie selbst Schuld am Biest?«, frage ich.

»Ich würde nicht direkt sagen, dass Sie schuld daran sind. Es sind Dinge passiert, die Sie zu dem Menschen gemacht haben, der Sie heute sind und manche Sachen konnten Sie beeinflussen und andere eher weniger. Wenn Sie sich selbst dafür verantwortlich machen, dass es Ihnen schlecht geht, werden sie auch nicht glücklicher. Es ist der einfachere Weg, einen Schuldigen zu suchen, aber es ist nicht immer der richtige Weg. Wir können alles versuchen, Ihr Biest loszuwerden. Es kann sein, dass Sie es irgendwann los sind. Es kann aber auch sein, dass Sie es Ihr ganzes Leben lang mit sich herumtragen.«

Na ja, ich will das Biest schon irgendwie loswerden, weil es mich echt belastet, aber irgendwie habe ich mich schon damit abgefunden und es ist mein Biest; irgendwie gehört es schon zu mir und ich kann mir nicht vorstellen, es nicht mehr zu haben. Was ich mir wünsche, ist, dass es mich nicht mehr so fertig macht und meinen Alltag nicht mehr kontrolliert, aber es wäre schon komisch gewesen, wenn es von einem auf den anderen Tag nicht mehr da wäre.

»Jetzt haben wir die ganze Zeit über die negativen Dinge in Ihrem Kopf gesprochen. Erzählen Sie mir doch mal, wer oder was Sie glücklich macht«, sagt sie und lächelt mich freundlich an.

»Hm. Meine beste Freundin und mein Vater machen mich glücklich. Und mein Lehrer.«

»Ihr Lehrer?«, fragt sie.

»Ja, auf den stehe ich seit über zwei Jahren. Aber das weiß er nicht, hoffe ich.«

»Und warum macht es Sie glücklich, wenn Ihre Liebe seit über zwei Jahren unerwidert bleibt?«

»Ich weiß auch nicht. Wir haben schon miteinander geschrieben und Zeit miteinander verbracht und das würde er vermutlich nicht, wenn er von meinen Gefühlen wüsste. Es sei denn, er hat auch Gefühle für mich, was sehr unwahrscheinlich ist. Er hat eine Frau.«

»Dass er eine Frau hat, hindert ihn doch nicht daran, sich neu zu verlieben.«

»Na ja, bis auf einen Streit zwischen den beiden, den ich mitbekommen habe, wirkt er bisher sehr glücklich.«

»Nur weil jemand nach außen glücklich wirkt, heißt es nicht, dass er es auch ist. Man kann Menschen immer nur vor den Kopf schauen. Und wenn eine Beziehung nach außen perfekt wirkt, denken Sie immer daran: Fertigessen sieht auch nie so aus wie auf dem Bild der Verpackung.«

Ich lächle. Sie hat recht.

»Ja, das stimmt«, sage ich. »Aber machen Sie mir bloß keine Hoffnungen. Ich steigere mich sowieso schon rein und wenn nichts daraus wird, bin ich letztendlich nur noch trauriger.«

»Wir schauen mal, was daraus wird. Sie können mir gerne in den nächsten Sitzungen davon berichten.«

»Glauben Sie mir, wenn ich eins kann, dann über ihn reden. Meine beste Freundin tut schon seit einer Ewigkeit so, als wäre sie nicht genervt. Aber ich weiß genau, dass sie es ist.«

»Ich bin gespannt. Als kleine Hausaufgabe kann ich Ihnen aufgeben, dass Sie versuchen, darauf zu achten, welcher Anteil wann anspringt und was die einzelnen Anteile so von sich geben.«

Sie steht auf und geht zu ihrem Computer, in dem sie nach einem neuen Termin für mich sucht. Ich öffne meinen Rucksack und gebe ihr noch die ausgefüllten Fragebögen zurück. Sie nickt und bedankt sich.

»Wie sieht es nächste Woche Donnerstag um fünfzehn Uhr bei Ihnen aus?«

»Das passt super«, sage ich und schließe meinen Rucksack wieder.

»Bis dann«, sage ich und wir verabschieden uns. Sie schüttelt mir die Hand.

»Auf Wiedersehen«, sagt sie.

Ich verlasse das Gebäude und setzte mich ins Auto.

Da wir über Didi sprachen, fällt mir seine Mail wieder ein. Ich habe seine Nummer doch noch eingespeichert und überlege, was ich ihm schreiben könnte. Kann ich meinem Lehrer einfach so eine Nachricht schreiben? Scheinbar will er das ja, sonst hätte er mir wohl nicht seine Nummer gegeben.

Ich schreibe, wie auf der Datingseite auch, ein einfaches Hallo. Dann fahre ich erst einmal nach Hause und gehe nicht davon aus, direkt eine Antwort zu bekommen. Schließlich habe ich seine Nummer, er aber nicht meine. Erst jetzt, wo ich ihm eine Nachricht geschickt habe, bekommt er eine Nachricht einer unbekannten Nummer angezeigt.

Nach dem Abendessen knipse ich wieder mein gemütliches Licht an und ziehe mich um; eine kurze Hose und ein viel zu weites T-Shirt. Irgendein altes Shirt von Papa. Ich lege mich ins Bett und denke noch eine Weile über das Gespräch bei der Therapie nach. Im Nachhinein klingt alles einleuchtend. Streng genommen handelt es sich nicht um ein Biest in meinem Kopf, sondern um vier. Jedes Biest will etwas anderes. Es gab schon oft Situationen, in denen ich das Gefühl hatte, mein Kopf könne einfach nicht die Klappe halten. Das ist am schlimmsten, wenn ich abends alleine im Bett liege und alles ruhig ist. Die Stimmen reden, obwohl niemand spricht. Stille kann manchmal so laut sein.

Ich bemerke, dass mein Handy vibriert. Eine Antwort von Didi.

»Freitag 14 Uhr Zoo?«, schreibt er, kurz angebunden.

Oh man, er scheint ein Versteckspiel zu veranstalten. Warum im Zoo? Ich antworte ebenfalls kurz angebunden mit »ja« und kurz darauf hat er seine Nachricht wieder gelöscht. Ich rechne nicht damit, dass noch eine Nachricht kommen wird, also decke ich mich zu und versuche zu schlafen. In meinem Kopf schwirren noch Anteile und Didi. Vorfreude breitet sich aus und mit einem Grinsen auf den Lippen schlafe ich ein.

11

Ich würde so gerne wissen, wer du wirklich bist. Jedes kleine Detail

Am nächsten Morgen sitze ich im Klassenzimmer schon auf meinem Platz und warte darauf, dass der Deutschunterricht beginnt und ich Kayla endlich von meinen neuen guten Neuigkeiten berichten kann. Sie kommt immer höchstens drei Minuten vor Unterrichtsbeginn und deswegen schreiben wir meistens Zettel, weil sie erstens, eine Reihe hinter mir sitzt und zweitens, solche wichtigen Gespräche nicht bis zur Pause warten können.

Um 7:58 Uhr spaziert Kayla mit einem Coffee-to-go-Becher in der linken und ihrem Handy in der rechten Hand ins Klassenzimmer und ist damit nicht die Letzte aus dem Kurs, die zum Unterricht kommt. Mindestens ein Drittel des Kurses kommt erst nach acht Uhr und das jedes Mal.

Um circa sechs Minuten nach acht kommen drei unserer Mitschüler, jedes Mal gleichzeitig, die in der gleichen Gegend wohnen und jeden Morgen an den Schranken warten. Sie kommen alle mit ihrem eigenen Auto zur Schule und sind immer zur gleichen Zeit da, weshalb Frau Meyer denkt, sie seien eine Fahrgemeinschaft. So heißt es jede Deutschstunde *Ach, die Fahrgemeinschaft ist da*. Dass sie gar keine Fahrgemeinschaft sind, ist ihr egal.

Ich reiße aus meinem linierten Block einen Zettel heraus und schreibe eine Notiz für Kayla.

»Wir haben ein Date, glaube ich«, schreibe ich und reiche den Zettel eine Bank nach hinten.

Es hat seine Gründe, weshalb Kayla und ich nicht nebeneinander sitzen dürfen, aber wir können es einfach nicht lassen, ständig miteinander kommunizieren zu müssen.

»Wer? Wann? Wo?«, ist ihre Antwort.

»Didi und ich. Freitag 14 Uhr. Im Zoo.«

»Zoo?«, schreibt sie und schaut mich fragend an, als sie mir den Zettel zurückgibt.

»Ich weiß auch nicht, warum er dahin möchte.«

»Fetisch? Dann halte ja Abstand!«

»Du spinnst.«

»Vielleicht kommt er im Tierkostüm dahin und will, dass

du die Domina spielst und ihn behandelst wie ein Tier.«

Sie muss sich sehr darauf konzentrieren, ihren Kaffee vor Lachen nicht wieder auszuspucken.

»Ich finde es irgendwie süß, auch wenn ich überhaupt keine Ahnung habe, was das soll.«

»Stimmt, klingt wahnsinnig romantisch. Ein Date zwischen hyperaktiven Kindern und dem Geruch von Elefantenscheiße.«

Die Dates, die ich in meinem Leben bisher hatte, kann man an einer Hand abzählen, aber im Zoo hatte ich noch keins. Kayla tippt mich an und gibt mir ein Zeichen, dass ich ihr den Zettel wiedergeben soll. Ich reiche ihn nach hinten und Kayla fängt an zu schreiben, während sie nicht aufhören kann zu grinsen.

»Bringst du mir ein Kuscheltier mit? So ein ganz großes?«

»Quatschkopf.«

»Vorausgesetzt ihr braucht die nicht für eure Rollenspiele.«

Ich knülle den Zettel zusammen und werfe ihn ihr entgegen, doch Kayla wehrt ihn ab und stößt versehentlich ihren Kaffee um. Wir beide lachen, nur Frau Meyer scheint es nicht ganz so lustig zu finden.

Zur Strafe müssen wir neben dem von Kayla auch noch alle anderen Tische in der Pause sauber machen. Klug war die Aktion nicht, aber lustig.

Wie die Gewohnheit es so will, gehen wir trotzdem zur Raucherecke, obwohl wir durch die Aktion mit dem Putzen viel Zeit der Pause verloren haben. Wir haben noch circa zwei Minuten Zeit und das ist ausreichend für Kayla. Sie hat durchaus schon weniger Zeit zum Rauchen gebraucht.

Nach der Schule beschließen Kayla und ich, zusammen zum Strand zu fahren. In unserer Stadt gibt es einen See, der nicht winzig, aber auch nicht groß ist. Er ist nicht so cool wie der, an dem wir Zelten waren, aber auch nicht schlecht. Es gibt dort zwei große Strände und einige kleine, die nicht so sehr besucht sind. Wir suchen uns einen Platz, an dem noch keine Menschen sitzen, weil wir unsere Ruhe haben möchten.

Wir breiten meine Decke aus, die ich immer im Auto zu liegen habe. Für den Fall, dass man spontan mal eine Decke braucht. Es ist warm an diesem Tag, aber nicht so warm, dass man es nicht aushalten kann. Allerdings ist es zu warm für eine Strickjacke und deswegen gefällt mir das Wetter schon aus Prinzip nicht.

»Gehen wir baden?«, fragt mich Kayla.

»Wir haben keine Badesachen dabei.«

»Hindert uns das jetzt?«

»Lass uns lieber noch warten«, sage ich.

Eigentlich hindert mich nur mein Kopf. Ich neige dazu, immer erst abzulehnen, obwohl eigentlich nichts dagegen spricht. Vielleicht ist es einer der Anteile in meinem Kopf, der denkt, dass irgendwas an der Aktion gefährlich sein könnte?

Nach einer Weile fährt ein Kanu an uns vorbei, das ganz romantisch den Sonnenuntergang ansteuert. Darin sitzen ein Junge und ein Mädchen, schätzungsweise in unserem Alter, vermutlich in einer Beziehung. Oberflächlich betrachtet sieht es perfekt aus: Er paddelt und sie schauen sich an, ohne den Blick abzuwenden. Vermutlich sind sie sehr verliebt ineinander.

»Wollen wir uns auch ein Kanu ausleihen und ganz romantisch auf dem See fahren?«, frage ich Kayla, die kurz davor ist, einzuschlafen.

»Du und Didi?«

»Nein, wir«, betone ich.

»Wir würden vermutlich nach fünf Minuten im Schilf feststecken und nicht wieder herauskommen, weißt du selber«, sagt sie, ohne ihre Mimik auch nur ein bisschen zu verändern. Wo sie recht hat, hat sie recht. Wir sind gewiss nicht die hellsten Sterne am Himmel.

»Hast du nach der Enttäuschung mit Marco eigentlich wieder jemanden kennengelernt?«, frage ich sie.

»Alles Idioten«, seufzt sie. »Dass ich nochmal einen netten Jungen kennenlerne ist noch unwahrscheinlicher als dass du unseren Lehrer klarmachst.«

»Na ja, ich denke, deines ist wahrscheinlicher«, widerspreche ich.

»Aber wenn wir schon mal bei dem Thema sind«, beginne ich, »ich möchte ihm ein Geschenk machen.«

»Ein Geschenk? Aus welchem Anlass denn?«

»Als kleines Dankeschön, dass er so ein toller Lehrer war.«

»Ja ne, ist klar.«

»Doch, wirklich«, beteuere ich.

»Du kannst auch einfach zugeben, dass du auf ihn stehst und ihn beeindrucken willst. Was willst du ihm denn schenken? Einen Kalender voll mit Nacktfotos von dir?«

Kayla hat immer so wundervolle Ideen, es ist der Wahnsinn.

»Nein, es muss schon etwas Unpersönliches sein,

schließlich stehen wir nur im Verhältnis Schüler-Lehrer zueinander.«

»Verhältnis ist ja genau das richtige Wort dafür«, sagt sie und zwinkert mir übertrieben zu.

»Du bist doof«, grinse ich.

»Aber jetzt mal ehrlich, hast du eine Idee oder nicht?«

»Ich dachte an *Öffnen, wenn-Briefe*, hast du davon schon mal gehört?«

»Ja, aber meinst du nicht, dass es schwierig wird, daraus keine persönliche Sache zu machen?«, zweifelt Kayla. »So etwas schenkt man ja normalerweise seinen Freunden oder seinem Partner und nicht seinem Lehrer.«

»Man könnte ja primitive Sachen nehmen, zum Beispiel *öffnen, wenn du hungrig bist* oder *öffnen, wenn du schlechte Laune hast* oder so«, überlege ich.

»Ja, zum Beispiel. Aber du kannst ihm auch einfach Schokolade oder einen Blumenstrauß schenken, so wie andere Schüler, die ihren Lehrern Geschenke machen.«

»Blumen und Schokolade für einen Mann?«

»Meine Idee mit den Nacktfotos findest du ja blöd«, sagt Kayla.

»Ich will ihm eine Freude machen und nicht, dass er eine Erektion bekommt.«

»Ach, schließt das eine etwa das andere aus?«

»Ernsthaft«, lache ich.

»Hey, das wäre das ehrlichste Kompliment, das er dir machen könnte.«

Ich muss schmunzeln. Der Gedanke gefällt mir irgendwie.

»Ich werde ausgiebig darüber nachdenken«, versichere ich ihr. »Vielleicht finde ich bei unserem Treffen noch etwas über ihn heraus.«

»Das ist ja mal was Neues, dass du ausgiebig über etwas nachdenkst. Ich hoffe so sehr, dass sich der Fetisch mit den Tieren nicht bestätigt.«

Ich glaube nicht daran, dass es sich bestätigt, aber gruselig finde ich die Vorstellung irgendwie. Es gibt mit Sicherheit eine logische Erklärung dafür.

»Können wir noch zur Tankstelle fahren und Zigaretten kaufen?«, fragt Kayla.

»Klar«, antworte ich und wir packen unsere Sachen zusammen und laufen zu Carlos.

Aus der Tankstelle wird doch ein Supermarkt, weil Kayla noch mehr Sachen kaufen will, die an der Tankstelle einfach zu teuer gewesen wären. Kurzerhand beschließt sie, mein Handschuhfach zu einer Minibar umzufunktionieren. Sie stapelt Coladosen übereinander, sodass die ganze Packung, bestehend aus zwölf Dosen, hineinpasst. *Falls einer meiner Beifahrer während der Fahrt Durst bekommen sollte*, heißt es, aber streng genommen fährt bei mir nie jemand mit, bis auf Kayla.

Na ja, wer kann schon behaupten, eine eigene Minibar in seinem Auto herumzufahren. Wir kaufen auch sämtlichen ungesunden Kram, weil wir spontan entschieden haben, dass Kayla bei mir übernachtet. Also landet jegliches Fastfood im Einkaufswagen. Kayla hat eine Schwäche für Ravioli aus der Dose, ich hingegen finde das Zeug widerlich.

Als wir bei mir ankommen, mache ich mir eine Tiefkühlpizza und Kayla wärmt ihre Ravioli auf. Sie besteht auch darauf, mit mir einen Horrorfilm zu schauen, von dem ich vielleicht zehn Prozent mitbekomme. Die restliche Zeit ziehe ich mir die Decke über den Kopf und hoffe, dass es bald vorbei ist. Kayla hingegen steht total darauf und ich kann mir einfach nicht erklären wieso.

Als hätte es nicht gereicht, dass ich Angst beim Zuschauen bekomme, hält sie es für nötig, mir zu erzählen, was im Film gerade passiert.

»Guck mal, jetzt tötet er das kleine Mädchen«, sagt sie völlig emotionslos, als wäre es das Normalste auf der Welt. Wie kann man sich nur solche verstörenden Sachen angucken, ohne Albträume zu bekommen?

»Hey, hör auf damit!«, rufe ich und werfe eines der Kissen, die neben mir liegen, in ihre Richtung.

»Schon gut, mach dir mal nicht in die Hose, du Angsthase.«

Sie macht sich über mich lustig. Frechheit.

»Du bist gestört, dass du dir so etwas anschaust. Wirklich.«

»Na, lehn' du dich mal lieber nicht zu weit aus dem Fenster«, sagt sie und wirft mir das Kissen zurück. Touché. Ich lache.

Als Wiedergutmachung schauen wir vor dem Schlafengehen einen Film von Disney, sodass ich besser einschlafen kann. Das ist eher so das Genre an Filmen, das mir gefällt. Ich kann auch so ziemlich jeden Film mitsprechen, dennoch schaue ich sie mir immer wieder an.

»Bist du aufgeregt?«, fragt sie mich, nachdem wir eine Weile nichts gesagt haben.

»Hm?« Ich bin fokussiert auf den Film.

»Übermorgen. Dein Date. Aufgeregt?«, sagt Kayla, während sie die Augenbrauen hochzieht und mich anstarrt.

»Jetzt irgendwie noch nicht«, sage ich. »Außerdem ist es doch kein Date. Vielleicht will er mir nur sagen, dass ich ihn in Ruhe lassen soll. Aber frag mich am Freitag nochmal, wenn ich vor lauter Aufregung kein Wort mehr rausbekomme.«

Immer, wenn ich aufgeregt bin, geht jegliche Coolness, die ich irgendwie besitze, verloren. Selbst Kayla macht sich in solchen Situationen über mich lustig und amüsiert sich darüber, dass ich quasi ein anderer Mensch wurde.

Ich sollte aufhören, mir im Voraus alle Gespräche auszudenken. Letztendlich weiß ich ja sowieso nicht, was mich erwarten würde. Ich denke an all die schönen Dinge, die passieren könnten und somit ist der Horrorfilm, den ich mir vorher ansehen musste, quasi vergessen.

13

Wenn du gehst, nimmst du einen Teil von mir mit

Morgen ist Kaylas Geburtstag, aber wir feiern schon heute, weil sie an ihrem Geburtstag immer mit ihrer Familie essen gehen muss. Die einzige Möglichkeit, mit ihren Freunden zu feiern, ist die Nacht davor.

Ich bin schon am späten Vormittag bei ihr, um ihr beiden Vorbereitungen zu helfen. Die Party soll gegen achtzehn Uhr losgehen, so haben wir genug Zeit, das Essen zuzubereiten und danach noch ein wenig zu entspannen.

Wir haben echt coole Rezepte herausgesucht und möchten uns jedes Jahr aufs Neue selbst übertreffen. Für eine Handvoll Leute haben wir verdammt viel eingekauft, aber Kayla möchte, dass jeder genug Auswahl hat und macht Essen immer nach dem Motto: lieber zu viel als zu wenig.

Auf der Gästeliste stehen nur Rick, Jay und ich. Und zwei unserer Mitschüler, von denen keiner bisher Rückmeldung gegeben hat, ob sie kommen oder nicht.

Wir bevorzugen mittlerweile kleine Partys, zu denen nur die engsten Freunde kommen, weil wir die Erfahrung gemacht haben, dass große Partys schnell für Gruppenbildung sorgen.

Kayla und ich feierten letztes Jahr unseren achtzehnten Geburtstag zusammen, aber dieses Jahr feiern wir getrennt, weil wir erstens, die gleichen Freunde und zweitens, somit zwei Anlässe zum Feiern haben. Außerdem ist der neunzehnte Geburtstag so unspektakulär wie der siebzehnte. Mit siebzehn hat man genauso viele Rechte wie mit sechzehn Jahren, also muss man sowieso warten, bis man achtzehn ist, um die vorher unerlaubten Dinge zu tun. Neunzehn ist genauso langweilig. Man ist immer noch volljährig, aber der nächste runde Geburtstag steht erst in einem Jahr an. Allerdings finde ich es komisch, dass der neunzehnte Geburtstag der letzte ist, bei dem die Zahl Eins vorne steht (ich gehe nicht davon aus, dass ich einhundert Jahre alt werde).

Kaylas Mutter kommt zu uns in die Küche und bietet uns ihre Hilfe an.

Nach vier Stunden ist das Essen fertig und wir gehen auf Kaylas Zimmer, um uns für den Abend fertigzumachen.

Ihr Zimmer ist ungefähr so groß wie meins und trotzdem könnten sie nicht verschiedener sein. Kaylas Vater ist handwerklich sehr begabt und hat ihr das Zimmer so gebaut, wie sie es haben will. Ihr Bett hängt sozusagen unter der Zimmerdecke. Es wird durch Holzbalken gestützt und man muss auf eine Leiter klettern, um dahin zu kommen.

Unter dem Bett ist ihr begehbarer Kleiderschrank, den man mit einem Vorhang schließen kann.

Neben dem Schrank steht eine extrem bequeme Couch, gegenüber ein Fernseher. Eine der Zimmerwände ist komplett tapeziert mit Fotos, überwiegend welche von Kayla und mir oder von ihrer Familie. An dieser Wand ist keine einzige weiße Stelle mehr zu sehen, weil sie seit über drei Jahren immer wieder neue Fotos dazu klebte.

Kayla zieht den Vorhang ihres Schranks zur Seite und ich lasse mich auf ihre Couch fallen.

»Also hätten wir Didi eingeladen, hätte ich schon das perfekte Outfit für dich.« Sie hält mir ein hautenges Kleid entgegen.

»Sehr witzig«, sage ich und verdrehe die Augen. »Gut, dass er nicht hier ist. Ich könnte mich überhaupt nicht entspannen.«

»Hat er nicht mal eine Nachricht geschrieben?«

»Nö.«

»Was glaubst du, was er macht in den nächsten zwei Wochen?«

»Von Zuhause ausziehen, sich von seiner Frau trennen und sich offiziell scheiden lassen?«

»Was du wirklich vermutest, Janni, nicht, was du dir wünschst.«

»Ich weiß es nicht. Vielleicht soll ich mich schon mal daran gewöhnen, ihn nach dem Abschlussball nie wieder zu sehen.«

»Er kommt zum Abschlussball? Hat er das gesagt?«, fragt Kayla.

»Ja. Zur Zeugnisausgabe und zum Ball.«

»Ha!«, ruft sie.

»Was denn?«

»Du hast genau zwei Chancen. Die darfst du nicht vermasseln.«

»Was schlägst du vor?«

»Wir füllen ihn ab.«

»Großartig.«

Sie schaut mich an, als hätte ich ihr ernsthaft zugestimmt.

»Eigentlich würde ich mir wünschen, dass er am nächsten Tag noch weiß, was alles passiert ist«, sage ich.

»Man kann nicht alles haben«, seufzt sie.

Rick und Jay stehen pünktlich um achtzehn Uhr vor der Tür. Rick hat einen Präsentkorb in der Hand und Jay ein großes Geschenk in beiden Händen.

»Hey! Ihr seht ja bezaubernd aus!«, sagt Jay.

»Soll ich euch etwas abnehmen?«, frage ich.

»Nein! Geschenke gibt's erst um Mitternacht. Weg da!«
Jay drängelt sich an uns vorbei und stellt das Geschenk irgendwo ab.

Rick umarmt uns beide und betritt ebenfalls das Haus.

»Schuhe aus, ich habe extra für euch geputzt«, weist Kayla an.

Was Kayla sagt, wird auch gemacht.

»Gibt's was zu Essen? Ich sterbe vor Hunger«, sagt Rick und nimmt im gleichen Moment das Buffet wahr.

»Nehmt euch, was immer ihr wollt, jederzeit. Ich bin noch ziemlich satt vom Kochen«, sagt Kayla.

Kaum hat sie diesen Satz ausgesprochen, schaufelt Rick Essen auf einen Teller. Sein Essverhalten ist wie ein Fließband: immer fleißig rein schaufeln. Sieht man ihm das an? Nein. Finde ich das ungerecht? Ja, sehr. Ich schaue Kuchen nur an und nehme an Gewicht zu.

»Schmeckt hervorragend«, sagt er mit noch vollem Mund.

Jay, der inzwischen auch etwas isst, nickt zustimmend.

Nach dem Essen schlägt Kayla vor, dass wir Trinkspiele spielen sollen. Nachdem wir an den letzten Geburtstagen schlechte Erfahrungen mit Flunky Ball gemacht hatten, weil sich immer irgendjemand übergeben musste, hat Kayla ein Brettspiel gebastelt. Jeder hat seine eigene Spielfigur und alle würfeln nacheinander. Die Aktion, die auf dem Feld steht, auf das man kommt, muss ausgeführt werden. Auf gefühlt der Hälfte der Felder steht »Alle trinken« oder »Ich hab noch nie...?« und ständig kommt jemand auf eines dieser Kästchen. Bei letzterem sind wir erstaunlich unkreativ und schauen im Internet nach Beispielfragen, weil keinem etwas einfällt und die Pausen dadurch zu lang werden.

Rick ist als Erster an der Reihe und liest eine Frage vor: »Ich habe noch nie betrunken mit meinen Eltern telefoniert.« Alle trinken.

Dann ist Jay dran: »Ich habe noch nie eine Person des gleichen Geschlechts geküsst.« Wieder trinken alle.

Ich bin an der Reihe: »Ich habe noch nie etwas getan,

was mir im Nachhinein peinlich ist.« Alle bis auf Kayla trinken.

»Du stehst auf unseren Lehrer. Alles, was du machst, ist peinlich«, sagt Rick. Kayla und Jay lachen mit ihm.

»Hey ihr seid gemein!«, sage ich, obwohl Rick absolut recht hat.

»Als ob dir nichts peinlich ist, Kayla«, merkt Jay an.

»Nö. Zumindest fällt mir gerade nichts ein«, sagt sie.

»Kayla, du bist dran«, sage ich und gebe ihr den Würfel.

Sie würfelt und kommt ebenfalls auf das Feld »Ich hab noch nie...?«

»Ich habe noch nie ein Geheimnis für mich behalten«, liest sie vor.

Ich trinke nicht. Sie schon. Es gibt nichts, was Kayla nicht über mich weiß. Was verschweigt sie mir? Wir sehen uns an und dann wieder nicht.

»Oh«, sagt Rick, der versteht, was gerade passiert, »Schatz ich hole mir etwas zu Trinken, kommst du mit?«, fragt er Jay.

»Aber du kannst mir doch einfach ein Bier mitbringen«

»Kommst du bitte mit?«, fragt er in einem aufdringlichen Tonfall, im Gegensatz zu vorher.

Jay scheint die Aufforderung zu kapieren.

»Oh, ja, na gut.«

Beide stehen auf und gehen in die Küche.

»Was ist denn das für ein Geheimnis, das ich nicht erfahren darf? Als deine beste Freundin?«, frage ich Kayla.

Sie versucht die richtigen Worte zu finden, für das, was sie scheinbar viel Überwindung kostet.

»Ich weiß es erst seit gestern und wollte es dir erzählen,

versprochen. Nur eben nicht heute.«

»Ich kann mir nicht vorstellen, was so schlimm sein soll, dass du dich nicht traust, es mir zu erzählen.«

Sie macht eine kurze Pause, dann holt sie tief Luft und bringt genau drei Worte heraus.

»Ich ziehe weg.«

Ich bin verwirrt und ihre Worte treffen mich wie ein Blitz. Ja ja, denke ich, nach der Schule zieht man von Zuhause aus und so. Aber sie hat mich noch nie so ernst angeschaut, wie sie es jetzt gerade tut.

»Ich werde nicht hier bleiben«, ergänzt sie.

»Wie jetzt? Wo willst du denn hin?«

»Ich habe mich für ein duales Studium beworben. Wenn ich mein Abitur bestehe, habe ich den Platz sicher. Nur gibt es diesen Studiengang leider nicht hier bei uns.«

»Wie weit ist es denn?«

»Mit dem Auto sind es ungefähr fünf Stunden«, sagt sie.

Ich schlucke schwer. In diesem Moment fühle ich mich nichts als leer. Kayla ist neben meinem Vater der wichtigste Mensch in meinem Leben und jetzt will sie mich einfach alleine lassen?

»Fünf Stunden«, stottere ich. »Warum?«

»Es tut mit so leid, aber ich muss das tun. Ich habe Angst es zu bereuen, wenn ich es nicht tue.«

Irgendwie kann ich es nachvollziehen. In der Stadt, in der wir wohnen, ist nie etwas los und vielleicht muss sie die Erfahrung in einer anderen Stadt sammeln. Die Perspektiven hier sind in der Tat nicht die gleichen wie in anderen, größeren Städten.

Es klingt zwar gemein, aber mein zweiter Gedanke ist

sofort, dass es ihr hoffentlich nicht gefällt und sie zu mir zurückkommen wird.

Ich möchte das alles nicht wahrhaben.

»Ich weiß nicht, ob das schon die schlimmste Nachricht ist«, sagt sie.

»Was denn noch?«

»In knapp zwei Wochen werde ich schon umziehen, das ging alles sehr schnell. Aber Papa kann nicht wann anders und deswegen muss das alles schon demnächst passieren.«

Mir fehlen die Worte. Für mich ist das zu diesem Zeitpunkt noch gar nicht real und ich kann und will es nicht glauben.

Ich mag Abschiede nicht. Vor allem, wenn ich nicht weiß, wann ich die Person wiedersehen werde. Klar, man hat immer Kontakt über das Internet und auch wenn wir in der gleichen Stadt wohnen, telefonieren wir regelmäßig. Aber das ist nicht das Gleiche. Abschied fällt leichter, wenn man weiß, dass man die Person in naher Zukunft wiedersieht. Es gibt nichts Schlimmeres, als die Sehnsucht dann auch noch durch sein Handy zu spüren.

Rick und Jay kommen zu uns zurück. Scheinbar haben sie in der Zwischenzeit mehr als nur Bier konsumiert, denn sie torkeln schon ein wenig. Aber wer schwankt hat bekanntlich mehr vom Weg.

»Wollen wir nicht spazieren gehen? Ich glaube, Bewegung würde mir ganz guttun«, lallt Rick.

Es ist dunkel – nicht die beste Zeit für mich, spazieren zu gehen.

»Können wir gerne machen«, antwortet Kayla.

Eigentlich weiß sie, dass ich mich in der Dunkelheit nicht wohlfühle, aber scheinbar hat sie es in diesem Moment vergessen.

Wir laufen also los, einfach kreuz und quer durch die Siedlung, in der Kayla wohnt. Die Straßenlaternen sind eingeschaltet und es ist ein bisschen windig, sodass die Büsche rascheln. Ich finde das ziemlich unheimlich und drehe mich öfter mal um, aber da ist niemand. Ich versuche, mir nichts anmerken zu lassen, weil ich es nicht mag, wenn sich andere um mich sorgen. Noch weniger mag ich es, im Mittelpunkt der Aufmerksamkeit zu stehen.

Ich denke darüber nach, wie hoch die Wahrscheinlichkeit ist, dass ausgerechnet mir noch einmal etwas Schlimmes passieren soll. Sie ist genau so hoch wie damals, denke ich mir. Außerdem bin ich jetzt nicht alleine, wenn auch von allen am wenigsten betrunken.

Ich denke an Tobi, der immer barfuß läuft und wie er von Freiheit gesprochen hat, als ich ihn nach dem Grund dafür fragte. Freiheit, eine Sache, nach der ich mich sehne. Ich bin ein freier Mensch, keine Frage, aber manchmal fühle ich mich in meinem Körper gefangen, wenn das Biest die Macht über mich hat. Intuitiv ziehe ich meine Schuhe aus und nehme sie in die Hand.

Rick und Jay stützen sich gegenseitig beim Laufen und Kayla hält diesen Moment mit ihrer Handykamera fest.

Ich fange an, traurig zu werden, während ich über alles nachdenke und meine Freunde betrunken neben mir laufen. Es ist nicht diese Art von Traurigkeit, bei der man in Tränen ausbricht, sondern die, die sich langsam einschleicht und einen den ganzen Tag über herunterzieht.

Gerade wird mir bewusst, dass nach dem Abschlussball nichts mehr so sein wird wie vorher. Man hat zwölf Jahre lang den gleichen Tagesablauf und dann ist es plötzlich vorbei und alle gehen ihren eigenen Weg, auch die besten Freunde. Kayla und ich haben oft darüber geredet, wie es sein würde, wenn wir beide hier bleiben und an der gleichen Universität studieren. Dieser Traum ist soeben zerplatzt. Mir wird bewusst, dass ich mit Veränderungen schwieriger umgehen kann, als es mir lieb ist.

Es fängt an zu regnen. Für einen kurzen Moment denke ich, das hier ist wie in einem Film: da laufe ich einmal im Leben barfuß durch die Gegend und es fängt an zu regnen. Meine Füße werden nass und der Asphalt fühlt sich weicher an als vorher. Ich nehme meine Umgebung bewusst wahr. Die Straße ist leer und ich bin es auch.

14

Meine Therapeutin hält dich für eine gute Idee

Fast eine Woche nach meinem Treffen mit Didi habe ich wieder eine Therapiestunde. Ich habe, wie er angekündigt hat, nichts von ihm gehört. Keine Nachricht, kein Treffen. Nichts. Dadurch, dass er mir Bescheid gegeben hatte, wusste ich, dass ich keine Nachrichten bekommen würde. Dennoch starre ich die ganze Zeit auf mein Handy. Ich aktualisiere meine E-Mails, schaue in meine Nachrichten und überprüfe, ob er online ist. Immer noch nichts.

Ich habe, so wie meine Therapeutin es mir aufgetragen hat, darauf geachtet, welche meiner Anteile wann anspringen und habe mir Notizen gemacht dass ich nichts vergesse. Diesen Zettel halte ich fest in meiner Hand. Ich stecke mein Handy in meinen Rucksack, weil ich die Hoffnung aufgegeben habe, dass doch noch eine Nachricht kommt.

»Gehen Sie schon mal rein, ich muss nochmal kurz abbiegen«, sagt meine Therapeutin, während sie mir die Hand schüttelt und anschließend in Richtung Toilette abbiegt.

Also laufe ich ins Behandlungszimmer.

»Wie geht es Ihnen?«, fragt sie, als sie ebenfalls den Raum betritt.

»Ganz okay, denke ich«, sage ich.

»Ich habe heute etwas mit Ihnen vor«, sagt sie.

»Und was?«

»Wenn Sie damit einverstanden sind, fangen wir heute mit Konfrontationstherapie an.«

Ich kann mir darunter erst einmal nichts vorstellen, aber nicke verunsichert. Sie würde mir bestimmt gleich erklären, was das sei.

»Sie müssen nicht, wenn Sie nicht wollen. Aber Konfrontation ist der beste Weg, Angst zu bekämpfen. Sie müssen sich mit Ihrer Angst konfrontieren, damit Sie lernen, dass Ihnen nichts passiert.«

»Was genau muss ich denn machen?«, frage ich sie.

»Wir hyperventilieren zusammen.«

»Hyperventilieren?«, frage ich etwas ratlos.

»Wenn Sie eine Panikattacke bekommen, oder wie Sie es nett ausdrücken, das Biest auftaucht, glauben Sie, dass sie keine Luft mehr bekommen oder umfallen. Diese Symptome produzieren wir mit Absicht. So lernen Sie, dass diese Attacken nicht unberechenbar sind und wie

Sie damit umgehen können. Vor allem müssen Sie lernen, wie Sie sich selbst wieder beruhigen können. Momentan steigern Sie sich noch in die Panikattacken hinein und geben ihrem Biest die Macht. Sie müssen lernen zu unterscheiden, was echt ist und was nicht«, erklärt sie mir, »wir erzeugen jetzt eine Panikattacke und dann üben wir, wie Sie sie akzeptieren und im besten Fall loswerden können.«

Ich willige ein und wir stellen uns hin, sodass wir uns anschauen können. Es ist wichtig, dass ich dies im Stehen tue, weil mein Körper und die Anteile in meinem Kopf lernen müssen, dass ich nicht umfalle, sobald die Panikattacke da ist.

Meine Therapeutin macht alles vor und ich mache es nach. Sie stellt sich gerade hin und fängt an, extrem schnell zu atmen. Ich tue es auch, obwohl ich mir anfangs echt komisch dabei vorkomme.

Ich atme. Schnell. Als wäre es das letzte, was ich tue. Ich atme, als wäre die Luft um mich herum ein Schatz, und wer am schnellsten atmet, bekommt ihn.

Langsam spüre ich, dass ich ein wenig wackelig auf den Beinen bin. Wäre ich nicht bei der Therapie, hätte ich gesagt, das Biest sei wieder da. Es ist da. Und zum ersten Mal bin ich deswegen nicht überrascht.

Mir ist bewusst, dass ich gerade eine Panikattacke habe. Ich fange langsam an zu schwitzen und spüre, dass mein Herzschlag schneller wird. Meine Knie werden weich und ich habe das Bedürfnis, mich zu setzen.

Bisher kannte ich es nur, aus der Situation zu flüchten und mich auf alles andere zu konzentrieren, nur nicht auf die Panikattacke. Ich will weglaufen. Dann will ich lieber sitzen. Aber ich stehe hier und atme einfach nur schnell. Atme schneller. Ich bleibe stehen und konzentriere mich nur auf mich und meine Atmung. Ich muss mich dieser Situation stellen, das weiß ich.

»So«, sagt meine Therapeutin, »jetzt atmen wir ruhig. Tief einatmen. Tief ausatmen. Tief einatmen. Tief ausatmen.«

Ich hole tief Luft und konzentriere mich auf nichts anderes als meine Atmung. Ich atme ein und wieder aus. Meine Therapeutin steht mir gegenüber und ich bin beruhigt. Selbst wenn mir etwas passiert, was nicht der Fall sein wird, kann sie mir helfen.

Die schlimmsten Panikattacken sind die, die man nachts alleine in seinem Zimmer bekommt. Dann, wenn man sich besonders hilflos fühlt. Aber jetzt, in diesem Moment, fühle ich mich nicht hilflos und ich habe zum ersten Mal das Gefühl, meiner psychischen Störung nicht komplett ausgeliefert zu sein. So lange habe ich das Problem verdrängt und jetzt steht die Lösung quasi vor mir.

»Und nochmal: tief einatmen, tief ausatmen«, sagt sie erneut.

Mein Biest ist da, aber ich habe es unter Kontrolle. Mit jedem Atemzug habe ich es besser im Griff – bis es endlich weg ist.

Ich habe mich beruhigt und bin wieder halbwegs entspannt. Keine Spur mehr von Panik oder Atemnot. Ich stehe immer noch auf der gleichen Stelle.

»Wie geht es Ihnen?«, fragt sie mich.

»Ganz okay, denke ich«, ist meine Antwort.

Wir setzen uns wieder und ich weiß nicht so recht, wie

ich mich fühlen soll, weil ich noch nie mit voller Absicht hyperventiliert und mich dann wieder beruhigt habe. Es ist eine komische Situation und da ich nicht weiß, wie ich reagieren soll, nehme ich alles einfach so hin.

Mir geht es gut, ich kann mich nicht beklagen. Erst ging es mir schlecht, aber jetzt, wie auf Kommando, wieder gut.

»Können Sie sich vorstellen, das alleine zu tun, wenn Sie das nächste Mal eine Panikattacke bekommen?«

Na ja, das Atmen ist nicht das Problem. Ich kann mir vorstellen, ruhig zu atmen und mich damit zu beruhigen. Aber für mich besteht die Schwierigkeit darin, zu unterscheiden, ob das Biest mit ruhiger Atmung wieder weggeht oder trotzdem bleibt. Mein Kopf macht häufig aus Kleinigkeiten ein Drama und sieht dort Gefahren, wo gar keine sind.

»Ich kann und werde es versuchen«, sage ich.

Von nichts kommt nichts, denke ich mir. Mehr als Scheitern kann ich nicht. Und wenn der Versuch, mich zu beruhigen, nicht klappt, geht es mir danach immerhin nicht schlechter als vorher.

»Wir machen irgendwann noch eine andere Entspannungsübung, aber jetzt machen wir erst einmal eine Pause. Konnten Sie beobachten, welcher der Anteile wann angesprungen ist? Sind die Anteile überhaupt angesprungen?«

»Ja, ich habe etwas beobachtet und mir Notizen gemacht, dass ich nichts vergesse. Zu einem Anteil ist mir aber nichts eingefallen.«

»Das ist nicht schlimm«, sagt sie, »aber lies mir mal vor, was du bisher aufgeschrieben hast.«

Ich falte meinen Zettel auseinander und lese ihn vor.

»Der harmoniebedürftige Anteil ist mir besonders auf dem Geburtstag meiner besten Freundin aufgefallen. Mir hat etwas nicht gepasst, aber ich habe es nicht angesprochen, sondern einfach für mich behalten. Ich wollte die Stimmung auf der Party nicht kaputt machen und habe deswegen nichts gesagt«, erzähle ich.

»Was hat Ihnen denn nicht gepasst?«, fragt sie.

»Na ja, irgendwann wurde es dunkel und alle anderen wollten nach draußen gehen und spazieren. Ich fühle mich im Dunkeln einfach nicht so wohl und eigentlich wissen die Anderen das auch, aber weil wir schon etwas getrunken hatten, haben sie bestimmt nur nicht daran gedacht. Ich bin dann mitgegangen, weil ich auch nicht alleine bei ihr Zuhause bleiben oder der *Spielverderber* sein wollte. Ich habe mich in der Zeit, in der wir draußen waren, nicht wohlgefühlt. Erst, als wir wieder drinnen waren, konnte ich entspannen. Meine Freunde hatten im Gegenteil zu mir Spaß und das war es mir wert, mich unwohl zu fühlen. Passiert ist mir ja trotzdem nichts.«

»Fällt es Ihnen schwer, Ihre Gefühle zu erklären oder zu sagen, wenn Sie etwas nicht schön finden?«, fragt sie.

»Irgendwie schon«, sage ich, »ich möchte nicht, dass mir irgendjemand vorwerfen kann, dass wir Dinge nur meinetwegen tun oder dass jemand meinetwegen auf etwas verzichtet. Auf der Party wollte ich nicht der Grund dafür sein, dass die anderen weniger Spaß haben oder so. Mit diesem schlechten Gewissen könnte ich nicht umgehen, deswegen halte ich meinen Mund.«

»Stellen Sie generell das Wohl der anderen über Ihr eigenes?«

»Kann sein, ja.«

»Andere Menschen um Sie herum trampeln gerne über Ihre Grenzen hinweg und das Problem dabei ist, dass Sie sie trampeln lassen.«

Diesen Satz lasse ich auf mich wirken. Ich finde darauf keine Antwort.

»Sind Ihnen die anderen Anteile noch bewusst geworden?«

»Ja. Einen Tag vor dem Geburtstag meiner besten Freundin hatte ich eine Verabredung mit meinem Lehrer; von dem hatte ich ihnen letztes Mal erzählt. Wir hatten einen wirklich schönen Tag zusammen, aber ich glaube auch dass der Verlust befürchtende Anteil ansprang, zumindest nach dem Treffen. Er hat mir gesagt, dass wir uns in der nächsten Zeit bis zum Abschlussball erst einmal nicht sehen können und ich sagte, das sei gar kein Problem. Aber irgendwie ist es ein Problem für mich, weil ich nicht weiß, wie es ihm geht oder ob ihm etwas zugestoßen ist. Es ist schon irgendwie eine Angst, ihn zu verlieren, obwohl ich ihn nie wirklich hatte.«

»Was spricht denn im Hier und Jetzt dafür, dass ihm etwas passiert sein könnte?«

»Ich weiß nicht«, sage ich unsicher.

»Überlegen Sie mal: was spricht dafür?«

»Jetzt, wo ich darüber nachdenke, eigentlich nichts«, muss ich zugeben.

»Wenn Sie sich Sorgen um jemanden machen, stellen Sie sich immer die Frage, was denn im Hier und Jetzt überhaupt dafür spricht, dass Sie sich Sorgen machen müssen. Er hat Ihnen gesagt, dass er erst mal keine Zeit haben wird. Dass er sich nicht meldet, sollte Sie also weniger überraschen. Es spricht im Hier und Jetzt nichts dafür, dass ihm etwas zugestoßen sein könnte.«

»Ich habe den ganzen Tag Kopfkinos von schlimmen Dingen, die passieren könnten. Wenn sich jemand nicht bei mir meldet, stelle ich mir die schlimmsten Dinge vor, die der Person zugestoßen sein könnten.«

»Das ist gar nicht so untypisch«, sagt sie, »Sie haben die Erfahrung gemacht, dass schlimme Dinge passieren können und nach einem Trauma ist Ihre Reaktion nicht unüblich. Der Kopf weiß nach dem traumatischen Ereignis nicht, dass die Gefahr schon vorbei ist und ist deshalb immer in Alarmbereitschaft. Die Bewertungen in Ihrem Kopf sind auch häufiger negativ als positiv. Können Sie sich vorstellen, sich den Satz *Was spricht im Hier und Jetzt dafür, dass etwas passiert?* in Situationen vorsprechen, in denen Sie besorgt sind?«

»Bestimmt. Aber wenn Sie das sagen, hat es eine komplett andere Wirkung auf mich, als wenn ich es mir selbst einrede«, erkläre ich.

»Gab es denn noch andere Situationen, in denen du Verlust befürchtet oder dich alleingelassen gefühlt hast?«, fragt sie mich.

»Meine beste Freundin hat mir gestanden, dass sie in eine andere Stadt ziehen wird. Das hat mich total traurig gemacht. Das würde vermutlich zu beiden Anteilen passen.«

»Wie groß wird denn die Entfernung sein?«

»Fünf Stunden Fahrt mit dem Auto.«

»Und was genau befürchten Sie?«

»Ich weiß auch nicht. Dass sie mich vergisst. Oder ersetzt. Dass sie eine neue beste Freundin findet.«

»Und was spricht im Hier und Jetzt dafür, dass es so kommen wird?«

Ich muss überlegen. Eigentlich ist die Antwort immer *Nichts*. Aber das auszusprechen fällt mir nicht leicht.

»Nichts«, sage ich unsicher.

»Man vergisst Menschen nicht, nur weil sie weit weg wohnen. Dass Ihre beste Freundin dort neue Menschen kennenlernen wird, bleibt wohl nicht aus. Aber Sie bleiben doch ihre beste Freundin, solange Sie den Kontakt nicht komplett abbrechen.«

Ich sage nichts und lasse wie so oft nur die Worte auf mich wirken.

»Ich bin beeindruckt, dass Sie Ihre Anteile so gut beobachten konnten«, sagt meine Therapeutin, »möchten Sie mir noch von dem Treffen mit Ihrem Lehrer erzählen?«

»Alles?«, frage ich.

»So viel, wie Sie möchten.«

»Wir haben uns im Zoo getroffen, weil er der Meinung war, dass seine Frau ihn dort als letztes vermuten würde. Erst sind wir dem Rundgang gefolgt, wie alle anderen auch. Auf ungefähr der Hälfte des Rundgangs gab es ein Restaurant, in das er mich eingeladen hat. Wir haben uns gut unterhalten und er hat mir sogar Komplimente gemacht. Dann waren wir im Streichelzoo und dort hat er mir gesagt, dass er in der nächsten Zeit, bis zur Zeugnisausgabe, keinen Kontakt zu mir haben kann. Ich fand das Treffen trotzdem wunderschön, auch wenn ich keine Ahnung habe, warum er mich darum gebeten hat. Am Ende hat er mich sogar umarmt«, erzähle ich mit einem Lächeln auf den Lippen.

»Er scheint Sie ja zu mögen. Sonst würde er sich nicht heimlich mit Ihnen treffen.«

»Ach das kann doch nicht sein. Ich bin seine Schülerin, natürlich muss das alles heimlich passieren, sonst bekommt er Ärger.«

»Noch sind Sie seine Schülerin. Wenn in den nächsten zwei Wochen etwas zwischen Ihnen passiert, bekommt er Ärger. Alles was nach der Schulzeit passiert, gefährdet nicht mehr seinen Job.«

»Jetzt machen Sie mir bitte keine Hoffnungen«, sage ich.

»Ich glaube, dass der Mann Ihnen guttut. Ich finde die Idee, daran festzuhalten, gar nicht so schlecht. Jeder andere würde Ihnen wahrscheinlich davon abraten. Aber vom Verhalten eines Menschen kann man auf seine Intentionen schließen, und wenn er kein Interesse an Ihnen hätte, würde er sich nicht mit Ihnen treffen. So verrückt es klingen mag, ich würde warten.«

Warten. Ich weiß nicht, wie lange ich das schon tue, aber ich habe nie einen Gedanken daran verloren, damit aufzuhören. Es gibt einfach Menschen, auf die es sich zu warten lohnt. Ich denke, dass ich es bereuen könnte, wenn ich damit aufhöre.

Man weiß nie, ob man kurz davor oder weit entfernt davon ist, eine Person für sich zu gewinnen. Und manchmal muss man sich entscheiden, ob es schmerzhafter ist, daran festzuhalten, oder loszulassen.

Es gibt Menschen, für die würde man überall hingehen, wenn es sein muss, ohne dies zu hinterfragen. Und er ist einer dieser Menschen.

Oh ja, ich würde warten.

15

Du bist wie ein Kunstwerk: nicht jeder findet dich schön, aber ich könnte dich den ganzen Tag anschauen, ohne dass mir langweilig wird.

Am Samstag mache ich meinem Vater den Vorschlag, dass wir etwas zusammen unternehmen. Wir haben schon lange nichts mehr zusammen gemacht und außerdem brauche ich ein wenig Ablenkung.

Zuvor habe ich in der Cafeteria in der Schule einen Flyer entdeckt, der auf die Neueröffnung eines Museums für moderne Kunst hinweist. Da mein Vater eigentlich offen für alles ist und mit Sicherheit auch spontan mit mir in die Wüste fahren würde, nur um etwas Sand zu kaufen, nur um mich glücklich zu machen, schlage ich den Ausflug dahin vor.

Nach dem Frühstück fahren wir zum Bahnhof, um dort in den Zug einzusteigen. Mit dem Auto braucht man doppelt so lange bis dorthin, das lohnt sich einfach nicht.

Am Bahnhof bin ich mal wieder damit beschäftigt, Leute ausfindig zu machen, die gefährlich aussehen. Mein Kopf funktioniert in solchen Situationen wie ein Scanner, der zwischen gefährlich und ungefährlich unterscheidet.

Dass mein Vater bei mir ist, gibt mir Sicherheit. Ich interessiere mich die meiste Zeit nicht für die Menschen um mich herum. Da es Samstagvormittag ist, ist der Zug auch überhaupt nicht voll. Ich bin entspannt, habe aber auch gelernt, mich nicht darauf zu verlassen: das Biest kann immer und überall auftauchen. Vor allem dann, wenn man am wenigsten damit rechnet.

Nach ein paar Stationen kommt die Fahrscheinkontrolleurin und will unsere Tickets sehen. Ich weiß nicht, warum, aber irgendwie bekomme ich jedes Mal einen Schreck, wenn Kontrolleure vor mir stehen. Ich bin noch nie in meinem Leben schwarzgefahren, weil ich für so etwas viel zu ängstlich bin, aber trotzdem erschrecke ich mich jedes Mal aufs Neue. Wir zeigen unsere Tickets und alles ist in Ordnung, aber mein Herzrasen hört erst auf, nachdem die Frau nicht mehr zu sehen ist.

Es gibt immer wieder Sachen, die ich nicht verstehen kann, aber auch keinem erzähle. Wenn ich sie schon nicht verstehe, wie sollen andere das dann tun? Manchmal denken die Leute, dass du verrückt bist, wenn du über Dinge redest, die sie nicht verstehen.

Die letzten Meter auf dem Weg zum Museum sind sehr

künstlerisch gestaltet und es ist nicht zu übersehen, dass dieser Weg zu einem Museum für moderne Kunst führen muss. Der Boden ist aus verschiedenen bunten Steinen gebaut. Die Steine gibt es in allen Farben und es lässt sich kein Muster erkennen. Dieser Weg macht mich leicht nervös. Ja, es ist Kunst, aber dass alle Steine schief angebaut sind, stört mich. Kurz denke ich daran, dass es eigentlich keine zwanghaften Künstler geben kann. Das muss ja furchtbar für sie sein, wenn alles schief ist.

An der Kasse des Museums sitzt ein Mann, dessen Akzent ich keiner Sprache zuordnen kann. Er fragt mich nach meinem Alter und ich sage, ich sei achtzehn Jahre alt. Dann entdecke ich eine Preisliste neben der Kasse. Der Eintritt unter achtzehn Jahren ist frei und wenn man älter ist, muss man fünf Euro bezahlen.

»Fünf Euro, bitte«, sagt der Mann an der Kasse.

»Aber ich bin schon achtzehn«, sage ich, während Papa das Geld auf den Tresen legt.

Der Kassierer zwinkert mir zu und legt mir ein Ticket hin auf dem »ermäßigt: 0,00€« steht. Ich lächle als Zeichen meiner Dankbarkeit und Papa und ich gehen in die Ausstellung.

Als Erstes gibt es einen ziemlich langen Flur, in dem einfach nur ein Laser an eine Wand gestrahlt wird. Ein ganz normaler, dünner Strahl. Wahrscheinlich kann man alles als Kunst bezeichnen, wenn man es will. Wir gehen unbeeindruckt weiter.

Im nächsten Raum stehen verschiedene Skulpturen: Fische, Goldbarren, abstrakte Sachen, die ich nicht identifizieren kann und darunter ein Glücksrad. Zumindest vermute ich, dass es ein Glücksrad ist. Es könnte auch eine Zeitmaschine oder ein anderes futuristisches Gerät darstellen können, auf jeden Fall ist es bunt und auffällig, sodass ich eine Weile davor stehen bleibe.

»Findest du das etwa schön?«, fragt Papa mich.

»Na ja, was heißt schön, primär versuche ich, herauszufinden, was das sein soll.«

»Ach, das habe ich schon aufgegeben«, sagt er und wir gehen weiter.

Scheinbar ist das Thema dieses Raumes Fotografie, denn es hängen Bilder an der Wand, die unmöglich gezeichnet sein können. Eines der Kunstwerke besteht aus drei Bildern, die nebeneinander hängen. Auf dem ersten Bild ist ein Mädchen zu sehen, das eine Pistole in der Hand hält. Auf dem zweiten Bild hält sie sich die Pistole an den Kopf. Auf dem dritten Bild sitzt sie wieder ganz normal da. Darunter steht »Nicht mal ein Kopfschuss wäre in der Lage, dich aus meinem Kopf zu kriegen.«

Ich kann mir vorstellen, was die Intention des Künstlers war, aber die Darstellung finde ich ganz schön hart.

Mein Vater ist fasziniert von den Naturaufnahmen, die im gleichen Raum hängen. Es sind ganz normale Bilder aus der Natur, bei denen immer das gleiche Motiv aus unterschiedlichen Blickwinkeln fotografiert wurde. Auch aus Blickwinkeln, aus denen man sich Dinge oft nicht ansieht. Sehr interessant – moderne Kunst eben.

Während wir durch die Ausstellung schlendern frage ich mich, warum ich nicht mit Didi hier war. Seine Frau hätte ihn hier vermutlich genauso wenig vermutet, wie im Zoo. Ich glaube, selbst in einem Raum voller Kunst hätte ich meinen Blick nicht von ihm abwenden können.

Viele Gemälde, Skulpturen und andere Kunstwerke später erreichen wir den letzten Raum der Ausstellung. Er hängt voll mit Bildern aus den Achtzigern und Neunzigern. Bilder von Motorrädern, alten Zeitungen, Bierdosen, halbnackten Frauen und ehemaligen Politikern sind ausgestellt.

»Na das waren noch Zeiten«, sagt Papa und schaut sich die Bilder ganz genau an.

Streng genommen sind es nur Bilder von Gegenständen oder Menschen, aber weil irgendjemand eine Collage daraus gebastelt hat, hängt es jetzt als *Kunst* in einem Museum. Wenn es so einfach ist, Künstler zu werden, sollte ich mir über meine Berufswahl vielleicht nochmal Gedanken machen. Ob man damit überleben kann ist die andere Frage.

Nach dem Rundgang kaufen wir im Museumsshop noch zwei Postkarten. Auf einer der Karten ist ein Gemälde abgebildet, das uns beide echt fasziniert hat und auf der anderen steht der Spruch »Ist das Kunst oder kann das weg?« Diese Karte will Papa unbedingt haben, weil er sich diese Frage während unseres Aufenthaltes am häufigsten gestellt hat.

Am Ausgang des Museums liegen Flyer von anderen Museen der Stadt und Papa bleibt am Aufsteller stehen, um sich die Flyer anzusehen.

»*Schwules Museum* klingt doch spannend, oder?«, fragt er mich mit einem breiten Grinsen im Gesicht.

»Da hätten wir Rick und Jay ja mitnehmen können, die hätten sich gefreut«, sage ich.

»Na die kennen sich doch mit dem Thema bestens aus, aber wir noch nicht.«

»Willst du dahin?«, frage ich ihn.

»Es ist nur zwei Straßen von hier entfernt und Zeit haben wir jede Menge. Warum nicht?«, kommt als Gegenfrage zurück.

Gegen die Idee habe ich nichts einzuwenden, ganz im Gegenteil. Ich bin nur überrascht, dass dieser Vorschlag von meinem Vater kommt.

Wir verlassen das erste Museum und machen uns auf den kurzen Weg zum nächsten. Draußen ist es sehr angenehm, ein leichter Wind weht und ab und zu scheint die Sonne durch die Wolken hindurch. Wir laufen durch eine Straße, in der sehr viele alte Mehrfamilienhäuser stehen. Alle haben eine schön gestaltete Fassade und in regelmäßigen Abständen stehen Bäume am Straßenrand. Im Gegensatz zum Grau der restlichen Stadt wirkt dieser Teil hier friedlich.

Die Strecke, die wir laufen müssen, ist tatsächlich nicht weit. Uns lächelt die neonpinke Schrift des Museums quasi schon von Weitem an. Müsste es nicht eigentlich Museum über Schwule heißen? Das Museum an sich kann ja nicht schwul sein. Ich lasse mich überraschen, vor allem frage ich mich aber, warum es ausschließlich um homosexuelle Männer und nicht Frauen geht.

An der Kasse stehen zwei Frauen. Die eine ist etwas fülliger mit kurzen Haaren und die andere ist viel zu dünn, hat lange Haare und trägt eine viel zu große Brille auf der Nase.

Wir werden freundlich begrüßt, müssen unsere Taschen in einen Spind einschließen und dürfen dann erst den Rundgang starten.

Die anderen Besucher sind hauptsächlich Männer und

mein Vater und ich passen irgendwie nicht hier rein, aber das interessiert keinen. Niemand schaut uns vorwurfsvoll an. Es ist nicht wie in den viel zu coolen Geschäften für Klamotten, in dem die Menschen einem mit ihrem Blick zeigen: was willst *du* denn hier?

Am Anfang des Rundgangs steht eine große Wand, auf der eine Weltkarte zu sehen ist. Der Künstler hat in jedes Land die jeweilige Strafe notiert, die man bekommt, wenn man sich öffentlich als homosexuell bezeichnet und dies auch auslebt. Ich bin erstaunt und erschüttert zugleich, in wie vielen Ländern man heutzutage noch mit dem Tod bestraft wird, wenn man einfach nur jemanden liebt, der das gleiche Geschlecht wie man selbst hat.

In der Ausstellung läuft ein Mitarbeiter herum, der irgendwie komisch aussieht. Er hat etwas längere, lockige Haare, die sehr ungepflegt aussehen. Außerdem läuft er die ganze Zeit mit verschränkten Armen auf dem Rücken immer die gleiche Strecke entlang.

Als Papa und ich an der Ausstellung einer Aktivistin für Rechte für Homosexuelle stehen bleiben, spricht er uns plötzlich an.

»Tolle Frau«, sagt er, ohne seine Mimik nur ein Stück zu verziehen.

»Was hat sie sonst noch so gemacht?«, fragt Papa ihn.

»Pornos hat sie ganz viele gedreht«, sagt er, »die habe ich auch alle gesehen, das sind richtig gute Filme.«

Papa und ich schauen uns verwirrt an und müssen uns das Lachen verkneifen. Als der Mann aber weggeht, müssen wir lachen und versuchen dies so leise zu tun, dass er es nicht bemerkt. Sind das Informationen, die man fremden Menschen mitteilen muss? Vermutlich eher nicht.

Das letzte Kunstwerk, welches mich beeindruckt, nimmt wieder eine ganze Wand ein. Daran befinden sich einhundert Scherenschnitte aus schwarzem Papier. Abgebildet sind Männer, die alle unterschiedlich aussehen. Man erkennt nur die schwarze Silhouette, aber dennoch lassen sich die Unterschiede deutlich erkennen. Wie viel Arbeit wohl dahinter steckt, die Umrisse von einhundert Männern auszuschneiden? Es ist eine Art von Kunst, die mir gefällt. Es ist eine schöne Abwechslung zu bemalten Leinwänden.

»Und? Welches Museum hat dir besser gefallen?«, frage ich Papa, als wir wieder an der frischen Luft sind.

»Ich muss beide erst mal auf mich wirken lassen«, sagt er, »aber es war eine schöne Erfahrung. Und welches hat dir besser gefallen?«

»Das erste. Aber wenn ich ehrlich bin, dann nur, weil mir dieser Typ eben ein bisschen Angst gemacht hat.«

Wir lachen.

»Wollen wir noch etwas Essen gehen? Oder möchtest du nach Hause fahren?«, fragt er mich.

»Eigentlich würde ich lieber nach Hause fahren. Wir können ja da etwas essen.«

»Klingt gut.«

»Können wir unterwegs noch Briefumschläge kaufen?«

23. Juni 2017

Hallo Tagebuch,
ich habe dieses Geschenk für Didi heute gebastelt.
Irgendwie habe ich ein komisches Gefühl dabei. Ich
habe auch noch einen Brief dazu geschrieben.
Kayla meint, er ist okay so. Ich habe ihn ihr am
Telefon vorgelesen.
Ich ziehe das jetzt einfach durch. Was habe ich
denn zu verlieren?
Vielleicht sehe ich ihn nach der Schulzeit ja nie
wieder.

Ich halte dich auf dem Laufenden,
deine Janna

16

*Denk jetzt bloß nicht an den rosa
Elefanten!*

Die nächste Therapiestunde ist nicht mal eine Woche
nach der letzten, das ist echt eine Seltenheit. Aber es ist
eine Seltenheit, die mir guttut. Ich sitze im Wartezimmer
und habe meine Augen geschlossen, weil ich mich selbst
dabei testen will, ob ich meine Therapeutin anhand der
Schritte erkennen kann oder nicht. Als ich schnelle
Schritte höre, bin ich mir sicher, dass sie es sein muss.
Und ich habe recht.

»Ich muss nochmal kurz abbiegen, gehen Sie schon mal
vor«, sagt sie, wie so oft, und ich schüttle ihr die Hand
und nicke lächelnd. Dann gehe ich in den

Behandlungsraum.

Ich setze mich auf den Sessel, auf dem ich immer sitze, und warte darauf, dass meine Therapeutin ebenfalls das Zimmer betritt. Es dauert nicht lange und schon sitzen wir uns gegenüber.

»Wie geht es Ihnen?«, fragt sie mich und schlägt ihr rechtes Bein über ihr linkes.

Jedes Mal nehme ich mir vor, mir über diese Frage im Voraus Gedanken zu machen. Wie geht es mir eigentlich? Einerseits ist eine große Last von mir abgefallen, weil ich alle Prüfungen schon geschrieben habe. Andererseits habe ich im Hinterkopf, dass Kayla bald wegzieht. Und von Didi habe ich nichts gehört, aber die Zeugnisausgabe steht bald an.

»Ganz okay, denke ich«, antworte ich.

»Ist Ihre beste Freundin schon weggezogen?«

»Nein, noch nicht«, sage ich, »aber bald.«

»Wie fühlen Sie sich deswegen?«

»Zerrissen.«

»Inwiefern zerrissen?«

»Als würde man einen Teil von mir einfach wegnehmen.«

»Hatten Sie körperliche Symptome in der letzten Zeit?«, fragt sie.

Ich habe tatsächlich welche wahrgenommen, aber ich habe keine Ahnung, in welchem Zusammenhang diese mit dem Umzug stehen sollen.

»In der letzten Zeit habe ich Schmerzen im Brustkorb gehabt, aber das ging dann auch wieder weg.«

»Links oder rechts?«

»Links.«

»Das ist die Herzregion«, sagt sie, »wenn meine beste Freundin mich verlassen würde, hätte ich auch Herzschmerz.«

Aus dieser Sicht habe ich das noch gar nicht betrachtet. Wie so vieles eigentlich. Ich wusste nicht, dass man wirklich Herzschmerz haben kann. Bisher dachte ich, es sei nur eine Metapher, um seinen Kummer auszudrücken.

Vor einer Weile habe ich darüber nachgedacht, wie einfach es wäre, wenn man psychische Erkrankungen wie normale, physische Wunden behandeln könnte.

Es ist so: man fällt hin, blutet, klebt ein Pflaster drauf und lässt die Wunde abheilen. Aber bei psychischen Krankheiten geht das nicht so einfach. Man kann nicht nur ein Pflaster auf den Kopf kleben und abwarten, dass es von alleine weggeht. Wie würde das auch aussehen? Wenn ich mir für jede Panikattacke ein Pflaster auf den Kopf klebe, ist mein ganzer Kopf irgendwann voll damit und ich kann keines davon abnehmen, weil ich immer noch nicht geheilt bin.

Wahrscheinlich ist es deshalb für die meisten Außenstehenden auch so schwierig, psychische Erkrankungen wahrzunehmen und vor allem auch ernstzunehmen. Was man nicht sehen oder anfassen kann ist für die meisten Menschen nicht greifbar. Ich habe schon mal Sätze gehört, wie »so krank siehst du gar nicht aus«, »du lachst doch, also geht es dir doch gut« oder »das wird schon wieder.« Solche Sätze haben mich nur darin bestärkt, mich selbst nicht ernstzunehmen. Aber manche Symptome schlummern sehr lange im Körper – bis der eine Tropfen kommt, der das Fass zum überlaufen bringt.

Ärzten ist es heutzutage möglich, Herzen zu transplantieren oder Menschen von Krebs zu heilen. Aber die Psyche hingegen wirkt so unberechenbar, dass man teilweise Jahre braucht, bis man Fortschritte sieht. Natürlich darf man Transplantationen nicht unterschätzen, aber bei der Psyche ist es so, als würde das Gehirn sich selbst studieren, wenn Menschen versuchen, alles nachzuvollziehen, was es tut.

Gegen die Schmerzen, die wahrscheinlich psychischen Ursprungs sind, kann ich auch nichts tun. Manchmal muss der Körper einem erst Signale in Form von Schmerzen senden, damit man merkt, dass irgendetwas nicht richtig läuft. Dagegen vorzugehen ist ziemlich sinnlos, denn wenn es raus muss, muss es auch raus. Irgendwann ist kein Platz mehr für verdrängte Sachen und es wird dem Körper zu viel. Dann bekommt man Symptome, die einem kein Arzt auf der Welt medizinisch begründen kann.

Als Kind hatte ich eine Zeit lang schreckliche Schmerzen in meinen Knien und konnte an manchen Tagen nicht einmal aufstehen. Ich war bei zahlreichen Ärzten und keiner konnte mir sagen, wo diese Schmerzen herkamen. Meistens ging ich nach Hause mit den Worten »du hast nichts« oder »du bist gesund«.

Ich dachte mir immer *nein, bin ich nicht*, aber wie soll man Schmerzen auch sehen können, wenn medizinisch gesehen alles in Ordnung ist? Manchmal ist es die Seele, die wehtut - und der Körper muss die Schmerzen austragen.

Jetzt, wo ich die Therapie angefangen habe, wird mir

langsam bewusst, wie viel Einfluss die Psyche auf den Körper hat.

»Die Psyche gewinnt immer, oder?«, frage ich meine Therapeutin.

»Na ja, es soll eigentlich nicht um Verlieren oder Gewinnen gehen«, sagt sie, »wichtig ist, dass Sie es so annehmen, wie es ist, denn wenn Sie versuchen, dagegen anzukämpfen, wird es nur noch schlimmer. Wenn Sie lernen, damit zu leben, werden Sie die Symptome nicht mehr so intensiv wahrnehmen.«

Dass es keine gute Idee ist, gegen seinen eigenen Kopf anzukämpfen, habe ich schon gemerkt. Ich versuche, mir das alles wie eine Metapher vorzustellen: man sät Rasen, erntet aber Unkraut. Man versorgt die Samen mit allem, was sie brauchen, aber dann kommt eine Krähe, die die Samen auffrisst und das Unkraut wachsen lässt. Man hat quasi keine Chance, weil das Unkraut schneller wächst als der Rasen.

»Ist sonst noch etwas passiert?«, fragt sie mich.

»Nicht wirklich, aber ich bin aufgeregt.«

»Weswegen denn?«

»Übermorgen ist die Zeugnisausgabe und einen Tag später unser Abschlussball. Mein Lehrer wird an beiden Tagen da sein und ich habe einfach Angst, etwas falsch zu machen.«

»Was soll schon schiefgehen?«, fragt sie mich.

»Dass er mich danach nicht mehr mag«, antworte ich nach kurzer Überlegung.

»Ach, wie ich Sie kenne, haben Sie schon alles durchgeplant, was Sie sagen oder machen möchten. Da wird schon nichts schiefgehen.«

Ich muss lachen, weil ich weiß, dass sie recht hat. Ich plane immer im Voraus, was ich sagen will, aber wenn Didi dann vor mir steht, vergesse ich meinen Namen. In diesem Moment fällt mir wieder ein, wie weh es eigentlich tut, keinen Kontakt mehr zu ihm zu haben.

»Gibt es noch etwas, das Sie im Moment belastet?«

»Na ja, irgendwie finde ich es merkwürdig, dass die Schulzeit bald vorbei sein wird. In drei Tagen ist das offizielle Ende und dann wird alles anders. Alles.«

Ich kann mir nicht vorstellen, nach zwölf Jahren meinen Alltag komplett umzustellen, nachdem ich mich so gut darin eingelebt habe. Unterbewusst belastet es mich wahrscheinlich sehr stark, weil wieder eine große Veränderung in meinem Leben ansteht. Streng genommen nicht nur eine. Meine Angst vor Veränderungen überträgt sich auch auf meine Persönlichkeit. Irgendwie habe ich Angst davor, ein anderer Mensch zu werden. Es wäre förderlich gewesen, meine psychischen Probleme loszuwerden, aber sie gehören mittlerweile schon zu mir und machen eine Menge meiner Charakterzüge aus. Vielleicht mögen meine Freunde mich in der Zukunft nicht mehr oder verändern sich auch, sodass wir irgendwann keine Gemeinsamkeiten mehr haben.

Ich denke, ich werde mich erst recht verändern, wenn ich mich so stark darauf konzentriere, mich nicht zu verändern. Das erinnert mich an die Geschichte mit dem rosa Elefanten:

Denk nicht an den rosa Elefanten! Denk jetzt ja nicht an den rosa Elefanten! Du denkst die ganze nächste Stunde nicht an den rosa Elefanten!

So funktioniert magisches Denken – man denkt natürlich an einen rosa Elefanten.

»Ich will mich nicht verändern.«

»Aber Leben bedeutet nun mal Veränderung«, sagt sie, »und es bedeutet, dass nicht immer alles wunderschön ist und so bleibt, wie man es gerne hätte.«

Für einen Moment herrscht Stille im Raum.

»Meinen Sie, dass Sie das dem Anteil in Ihrem Kopf, der dies befürchtet, sagen können?«

»Wie meinen Sie das?«, frage ich.

»Suchen Sie sich einen Ihrer Anteile aus. Wie könnte ein Satz lauten, den Sie diesem Anteil sagen?«

Ich muss überlegen. Auf solche Fragen habe ich selten schnell eine Antwort.

»Können Sie mir ein Beispiel nennen? Ich weiß es nicht«, sage ich verunsichert.

»Nehmen wir eine Situation, in der Sie Angst haben: im Dunkeln draußen zu sein, zum Beispiel. Was würden Sie dem angstbesetzten Anteil in Ihrem Kopf sagen, dass er versteht, dass Ihnen nichts passieren wird?«

»Aber wenn mir doch etwas passiert?«

»Wie hoch ist denn die Wahrscheinlichkeit?«

Sie will darauf hinaus, dass ich mir die Frage selbst beantworte, weil ich die Antwort darauf eigentlich schon weiß.

»Genau so hoch, wie bei allen anderen auch, schätze ich.«

»Das ist sehr wichtig, dass Sie sich das einprägen. Die Wahrscheinlichkeit, dass Ihnen nochmal etwas passiert, ist nicht gleich null, aber auch nicht gleich einhundert.«

»Sie haben recht«, sage ich verdutzt.

»Sprechen Sie sich diesen Satz einmal vor, damit Sie ihn die nächsten Male auch sagen können.«

»Die Wahrscheinlichkeit, dass mir nochmal etwas passiert, ist nicht gleich null, aber auch nicht gleich einhundert«, wiederhole ich.

»Sehr gut. Es wäre schließlich nicht das Leben, wenn nicht ständig irgendetwas passieren würde. Wenn du Angst hast, stelle dir die Frage: *was spricht im Hier und Jetzt dafür, dass genau das passiert?*«

»Ich werde es versuchen, aber ich kann Ihnen sagen, dass das Biest sehr hartnäckig ist.«

»Dann ist es an der Zeit, dem Biest zu zeigen, dass Sie stärker sind.«

Ich bin motiviert und nehme mir ernsthaft vor, mir diese Fragen in Zukunft zu stellen, wenn ich Angst bekomme.

»Bevor wir die Sitzung beenden, möchte ich Ihnen noch eine Übung zeigen, die Ihnen im Alltag helfen kann, zu entspannen«, sagt sie, »und dafür schauen Sie sich ganz bewusst in diesem Raum um.«

»Und auf was soll ich dabei achten?«

»Auf alle Details. Formen, Farben, Anordnungen. Alles, was Sie sich merken können.«

»Okay«, sage ich und versuche, so gut es geht, mir alles einzuprägen.

»Und wenn Sie meinen, Sie haben sich alles gemerkt, dann schließen Sie die Augen.«

Ich schließe die Augen und hoffe, mir alles gemerkt zu haben.

»Sind Sie bereit?«, fragt sie mich.

»Ja, bin ich.«

»Gut. Welche Farbe hat die Lampe?«

»Weiß«, sage ich, denn daran kann ich mich gut erinnern.

»Und wie viele Pflanzen stehen im Raum?«

Ich überlege.

»Drei«, sage ich.

»Sind Sie sich sicher?«

»Nein.«

»Dann öffnen Sie die Augen und sehen Sie nach.«

Ich öffne meine Augen und sehe mich erneut im Raum um. Ich zähle nach. Es sind drei.

»Sie hatten recht. Nun schließen Sie die Augen wieder.«

Ich folge ihrer Anweisung.

»Welche Farbe hat der Fußboden?«

»Braun.«

»Und was steht vor Ihnen auf dem Tisch?«

»Ein Glas Wasser und ein Wecker.«

»Gut, dann können Sie die Augen wieder öffnen.«

Ich nehme alles wieder bewusst wahr. Auch bei meinen letzten beiden Vermutungen hatte ich recht.

»Waren Sie mit Ihren Gedanken in der Gegenwart oder in der Vergangenheit?«, fragt sie mich.

»In der Gegenwart«, sage ich, »ich habe versucht, mich an alles zu erinnern.«

»Darum geht es bei dieser Übung. Das Gehirn kann nicht gleichzeitig in der Gegenwart und in der Vergangenheit leben. Wenn Sie merken, dass Sie panisch werden, nehmen Sie Ihre Umwelt ganz bewusst wahr. Wenn Sie im Bus sitzen und merken, da kündigt sich etwas an, konzentrieren Sie sich auf das, was Sie sehen. Welche Farbe haben die Sitze? Wie sieht der Busfahrer aus? Was steht an den Türen? Und dann schließen Sie die Augen und stellen sich selbst die Fragen, wie wir es eben getan haben. Das bekommt niemand mit. Das Gehirn beschäftigt sich dann mit der Gegenwart und lässt dem Biest sozusagen keinen Platz.«

»Okay, das klingt gut. Mir ist es manchmal nämlich echt unangenehm, wenn andere Menschen um mich herum mitbekommen, dass etwas nicht mit mir stimmt.«

»Der erste Gedanke, wenn jemand im Bus die Augen schließt, ist nicht, dass sie oder er gerade eine Entspannungsübung macht. Das kann ich Ihnen versichern.«

»Okay«, sage ich und lächle.

Ich muss alles, was passiert ist, erst einmal auf mich wirken lassen.

»Schauen wir nach einem neuen Termin?«

»Ich habe die nächste Zeit frei«, sage ich, »ich kann nach meinem Abschlussball quasi immer.«

»Freitag um dreizehn Uhr?«

»Ja, das passt.«

»Na dann, bis nächste Woche. Passen Sie gut auf sich auf.«

»Bis dann«, sage ich und verlasse den Behandlungsraum.

27. Juni 2017

Hallo Tagebuch,
Zur Therapie zu gehen war eine der besten Entscheidungen, die ich seit langem getroffen habe.
Jetzt schwirrt nicht nur ein Biest in meinem Kopf herum, sondern auch noch ein rosa Elefant.
Ich denke nie wieder an den rosa Elefanten!
Und an das Biest am besten auch nicht.
Heute war ein aufwühlender Tag, ich verabschiede mich für heute.

Gute Nacht, Tagebuch
deine Janna

17

Die wahrscheinlich längste Praline der Welt

Am Freitag, ein Tag bevor unser Abschlussball stattfindet, findet unsere Zeugnisausgabe statt. Sie ist separat vom Abschlussball, weil sich der Tag sonst sehr in die Länge ziehen würde, wenn man beides zusammenlegt. Zur Zeugnisausgabe sollen wir uns schon zurechtmachen, aber nicht so sehr, wie für den Ball, denn der soll das Highlight sein.

Uns wurde vorher in der Schule eine Ansprache gehalten, wie wir dort zu erscheinen haben. Dass man sein Abiturzeugnis nur einmal überreicht bekommt und sich aus gegebenem Anlass etwas Schönes anziehen kann. Trotzdem gibt es Spezialisten in unserem Jahrgang, die in Jeans und Pullover dort erscheinen und dementsprechend schlecht gelaunt ist unser Schuldirektor. Er sagt dazu nichts, sondern schaut diese Schüler nur böse an.

Es ist extra ein Fotograf angereist, der diese Momente für immer festhalten soll. Na ja, ob die Schüler in ein paar Jahren noch genau so rebellisch sind und sich die Fotos noch lachend anschauen können? Sie werden es herausfinden.

Die Zeugnisausgabe läuft so ab, dass alle Angehörigen im hinteren Teil des Saals wie ein Publikum sitzen und die Schüler, nach Kursen sortiert, in den ersten fünf Reihen. Vorher aber laufen die Schüler in den Saal ein, der Kursleiter vorweg, um sich feiern zu lassen und extra Applaus zu bekommen. Anschließend wird jeder Schüler einzeln von seinem Lehrer aufgerufen und sobald der letzte aufgerufen wird und aufgestanden ist, geht der ganze Kurs auf die Bühne, um sich das Zeugnis abzuholen.

Ich habe das Geschenk für Didi dabei und war selten so aufgeregt, wie ich es heute bin.

Heute trage ich auch ein Kleid, dementsprechend unwohl fühle ich mich. Ich werde als die Janna vor ihm stehen, die er noch nicht kennt. Die ich gar nicht sein will. Zwanzig Minuten vor Beginn ist der Saal mit Menschen gefüllt. Alle sind heute hier, um mitzuerleben, wie ihre Kinder, beziehungsweise Enkelkinder, ihr Abiturzeugnis überreicht bekommen.

Jeder Schüler darf fünf Gäste mitbringen und alle stehen

quer im Saal verteilt. So ist es fast unmöglich, jemanden zu finden. Außerdem müssen alle Lehrer, sofern es möglich ist, zur Zeugnisausgabe erscheinen. Alle Lehrer der Schule, ob sie in der Oberstufe unterrichtet haben oder nicht. An unserer Schule unterrichten ungefähr sechzig Lehrerinnen und Lehrer.

Ich stehe neben Kayla, unsere Eltern haben sich schon einen guten Platz gesichert. Ich habe das Geschenk in der Hand und wir beide halten Ausschau nach Didi.

Kayla entdeckt ihn zuerst und starrt ihn solange an, bis er uns bemerkt. Er kommt auf uns zu und schaut uns fragend an. Ich freue mich so sehr, ihn endlich wiederzusehen – wenn auch in diesem Umfeld hier und nicht privat. Alle Erinnerungen mit ihm schießen mir auf einmal durch den Kopf und ich bemerke, wie sich ein Grinsen auf meinem Gesicht breitmacht.

Er trägt einen Anzug. Wenn es einen Menschen auf dieser Welt gibt, dem Anzüge stehen, dann ihm. Meine Konzentration geht Stück für Stück verloren. Ich habe mir so viele Dinge ausgedacht, die ich ihm sagen will. Aber jetzt, wo er vor mir steht, habe ich alle wieder vergessen.

Kayla kommt spontan auf die Idee, uns alleine zu lassen. Sie sagt, sie müsse mal kurz weg. Wie damals beim Theaterstück – es lässt sich ein Muster erkennen.

Jetzt kann nicht mal sie die peinliche Stille verhindern und ich bin auf mich alleine gestellt. Auch in einem Raum mit so vielen Menschen kann Stille entstehen.

Didi und ich haben uns schon getroffen und miteinander geschrieben, aber die Angst, nicht zu wissen, was man sagen soll, ist immer da.

Wir begrüßen uns nicht. Das liegt erstens, daran, dass

ich das Geschenk mit beiden Händen festhalten muss und, zweitens, dass uns zu viele Menschen zusehen. Didi wirft einen Blick auf das Geschenk, dann schaut er wieder zu mir.

»Ich habe hier eine Kleinigkeit für Sie«, sage ich, obwohl es sich dabei offensichtlich nicht um eine Kleinigkeit handelt.

»Oh, aber das wäre doch gar nicht nötig gewesen«, sagt er und strahlt bis über beide Ohren.

Für ihn wäre ich auch nach Südostasien gefahren, um eine Mango zu pflücken. Das wäre auch nicht nötig gewesen, aber ich hätte es trotzdem getan.

Ich habe die Briefe des Geschenks so sortiert, dass der Brief mit der Aufschrift »zuerst öffnen« ganz oben liegt. Ich überreiche ihm das Geschenk.

»Sie öffnen einfach den Brief, der ganz oben liegt«, erkläre ich, »der Rest erklärt sich dann von selbst.«

»So hätte ich das auch gemacht, da steht ja auch: *zuerst öffnen.*«

Wieder einmal komme ich mir dämlich vor. Er scheint zu bemerken, dass mir das alles unangenehm ist.

»Gut siehst du aus«, sagt er, »ganz ungewohnt, aber sehr hübsch.«

»Oh, danke, aber Sie erst mal.«

Er schaut an sich herunter und sieht mich dann an, als wüsste er nicht, wovon ich spreche.

»Aber das trage ich doch fast immer«, sagt er.

»Na was meinen Sie, warum ich jedes Mal aufs Neue vergesse, was ich eigentlich sagen will.«

Zum Glück kommt Kayla in diesem Moment zu uns zurück. Ich habe keine Ahnung, wo sie war, aber Timing hat sie auf jeden Fall.

»Hätten Sie etwas dagegen, wenn wir ein Foto zusammen machen?«, frage ich ihn, nachdem ich all meinen Mut zusammengenommen habe.

»Auf keinen Fall«, antwortet er.

Kayla zückt ihr Handy. Didi und ich stellen uns zusammen und als Kayla die Fotos schießt, legt er seinen Arm an meine Hüfte. Natürlich nur für das Foto. Dann reicht mir Kayla ihr Handy und zeigt mir das Foto.

»Schau lieber nach, ob es dir gefällt«, sagt Didi, »sonst machen wir gleich noch eins.«

Mir ist eigentlich völlig egal, wie dieses Foto aussieht. Ich sage Kayla, dass sie noch eins machen soll, nur um nochmal bei ihm stehen zu können. Ich werde mir dieses Foto einrahmen, auch wenn ich darauf aussehe wie Gollum.

Kayla tritt wieder ein paar Schritte zurück und ich setze ein Lächeln auf.

In diesem Moment laufen die Großeltern von irgendeinem unserer Mitschüler durchs Bild und Kayla muss unterbrechen.

»Bist du nervös? Dein Lächeln wirkt so aufgesetzt«, flüstert Didi mir zu.

»Ja, sehr«, antworte ich, »es sind diesmal so viele andere Menschen dabei.«

Kayla schaut genervt und schaut das ältere Pärchen böse an. Didi drückt seinen Arm noch ein wenig fester an mich. Dann kann Kayla fortfahren.

»Lächeln!«, ruft sie.

Wir lassen einander los und ich schaue mir auch dieses Foto an.

»Danke«, sage ich zu Didi.

»Kein Problem, aber jetzt muss ich hinter die Bühne ge-hen, meine Kleinen warten dort auf mich«, sagt er.

»Okay, dann bis später?«

»Bis später«, sagt er lächelnd und macht sich auf den Weg.

»War das ein Versprechen von ihm, dass wir uns nachher nochmal sehen?«, frage ich Kayla.

»Keine Ahnung, aber jetzt komm mal runter. Wir holen uns jetzt unser Zeugnis ab und danach kannst du wieder Ausschau nach ihm halten.«

Mit seinen Kleinen meint Didi seine Klasse. Er ist Klassenlehrer der fünften Klasse, in der die Schüler höchstens elf Jahre alt sind.

Es ist eine Tradition an unserer Schule, dass die fünfte Klasse den Abiturienten eine Rose überreicht, nachdem sie das Abiturzeugnis vom Schulleiter erhalten haben. Auch Kayla und ich haben damals an der Stelle der jetzi-gen fünften Klasse gestanden und den Abiturienten eine Blume überreicht. Wahnsinn, wie lange das schon her ist. In fünf Minuten soll es losgehen. Sowohl die Angehörigen als auch die Lehrer sitzen mittlerweile auf ihren Plätzen. Didi war hinter der Bühne verschwunden und nur die Klassenlehrer stehen bei uns Schülern im Flur. Die Schein-werfer sind schon auf die Bühne gerichtet und im Saal hört man nur, wie sich alle miteinander unterhalten.

Meine Klasse steht zum Einlaufen bereit. Wir sind als Drittes dran. Vorne weg läuft immer der Klassenlehrer, dann folgen die Schüler, so, wie sie im Klassenbuch ste-hen. Ich stehe ziemlich genau in der Mitte und Kayla fast ganz hinten.

Zum Einlaufen läuft *He's A Pirate* aus dem Film *Fluch der Karibik*. Wer hat sich das schon wieder ausgesucht? Ich dachte, man wählt für solche Anlässe langsame Musik aus, oder zumindest welche, zu der man im Takt laufen kann. Das kommt davon, wenn man sich auf Andere verlässt, denke ich mir.

Wir laufen durch den Saal und alle Menschen um uns herum sind aufgestanden und klatschen. Alle bejubeln ihre Kinder oder Enkelkinder zum bestandenen Abitur.

Wir betreten die Bühne und stellen uns in einer Reihe auf. Ein Fotograf läuft ständig um uns herum und schießt gefühlt einhundert Bilder von jedem. Klar, er will, dass wir alle nach der Veranstaltung die Fotos kaufen, also muss mindestens ein gutes von jedem dabei sein.

Unser Schulleiter drückt jedem sein Zeugnis in die Hand, nachdem er die Hand von ihm geschüttelt bekam. Er muss ja besonders freundlich sein, schließlich sind alle Schüler, die das Abitur bestanden haben, das Aushängeschild für seine Schule.

Als er dem letzten Schüler sein Zeugnis überreicht hat, stellt er sich an den Rand und lässt die fünfte Klasse auf die Bühne kommen.

Der kleine Junge, der vor mir steht, schüttelt mir ebenfalls die Hand und überreicht mir dann eine Rose. Ich bedanke mich und schaue ins Publikum, um nach meinem Vater Ausschau zu halten. Der kleine Junge steht immer noch vor mir, im Gegensatz zu allen anderen, die bereits dabei sind, die Bühne zu verlassen. Wieder schaue ich zu ihm herunter.

»Hier, von Herrn Diehl«, sagt der kleine Junge.

In seiner Hand hält er einen Duplo, den er mir

überreicht.

»Danke«, sage ich verdutzt.

Dann lächelt der Kleine und läuft seinen Mitschülern hinterher. Ich schaue, ob noch jemand etwas bekommen hat. Nein.

Ich drehe mich um und schaue, ob ich Didi irgendwo sehe. Der schaut mit seinem Kopf zwischen dem Vorhang hervor und strahlt mich an. Es ist so schön, dass man ihm ansieht, dass sein Lächeln von Herzen kommt. Von Null auf Hundert lächle ich auch – und zwar richtig. Ich halte es nicht für nötig, zu verstecken, wie glücklich ich in diesem Moment bin.

Es ist nicht die Geste an sich, die mich glücklich macht. Ich stelle mir vor, wie er hinter der Bühne noch schnell nachzählt, welcher seiner Schüler mir die Rose überreichen wird. Er muss schon durch den Vorhang geschaut haben, als wir auf die Bühne gelaufen kamen. Die Gedanken, die er sich im Vorfeld gemacht hat, machen mich viel glücklicher als nur ein blöder Schokoriegel.

Was hat er wohl zu dem Jungen gesagt? Hat er überhaupt irgendetwas gesagt? »Gib dem Mädchen den Duplo und sag ihr, er ist von mir?«

Dann hat er hinter der Bühne die ganze Zeit beobachtet, ob er auch bei mir ankommt. Am glücklichsten macht mich aber, dass er von sich aus schon lächelt und nicht nur zurück lächelt, weil ich es tue. Er verschwindet wieder hinter dem Vorhang. Wahrscheinlich muss er die nächsten Rosen an seine Schüler verteilen. Hoffentlich nicht noch weitere Duplos.

Unsere Zeugnisse befinden sich in einem dünnen Umschlag und ich schaue kurz hinein, ob es sich auch wirklich darin befindet. Sicher ist sicher.

»Ohne vollständigen Bücherzettel gibt es kein Zeugnis!«, predigten alle Lehrer in den letzten Wochen. Wenn man nicht alle Bücher abgegeben hat, bekommt man eben kein Zeugnis. Ich hatte meinen Bücherzettel relativ kurzfristig erst abgegeben und hatte schon Panik, dass es zu spät sein könnte.

Neben mir fängt jemand an zu kichern. Felix hat in seine Mappe geschaut und diese ist leer. Offensichtlich ist er einer dieser Kandidaten, der die Abgabe des Zettels verpeilt hat. Wenigstens werden diese Schüler nicht vor dem ganzen Saal vorgeführt, indem man ihnen kein Zeugnis gibt. So kann man verheimlichen, dass sie es vergessen haben.

Wir verlassen die Bühne wieder, um Platz für die nächste Klasse zu machen. Nach uns kommen noch vier Klassen, diese Veranstaltung wird sich ganz schön in die Länge ziehen. Wir sitzen wieder im Publikum, so, wie wir auch auf der Bühne standen. Das heißt, dass zwischen mir und Kayla ungefähr zehn unserer Mitschüler sitzen. Mit Händen und Füßen versuche ich ihr wortlos mitzuteilen, was eben passiert, aber sie schaut mich einfach nur verwirrt an. Dann hebe ich mir eben bis zum Schluss auf, ihr von diesem wichtigen Ereignis zu berichten.

Es stehen noch ganz viele Menschen auf der Bühne, die Reden halten oder singen. Andere tragen Gedichte vor oder bedanken sich bei irgendwem. Uns wurde mal gesagt, die Veranstaltung würde neunzig Minuten gehen, aber als wir auf unseren Plätzen saßen, waren siebzig Minuten bereits vergangen.

Mein Magen knurrt. Aber nicht nur meiner, fast alle klagen über Hunger. Ich halte einen Duplo in meiner Hand, den ich essen könnte, aber das kommt mir nicht in den Sinn. Mir war noch nie ein Schokoriegel heilig. Ein bisschen dämlich komme ich mir vor, also hoffe ich, nicht in die Situation zu kommen, in der ich mich erklären muss.

Kayla schaut zu mir herüber. Sie ist neugierig und will wissen, was los ist. Ich gebe ihr ein Zeichen, das so viel wie *ist egal, erzähl' ich dir später* bedeuten soll und schaue wieder nach vorne zur Bühne.

Nach drei Stunden ist die Veranstaltung endlich vorbei. Ich laufe sofort zu Kayla, um ihr zu erzählen, was passiert ist. Mein Magen knurrt so laut, dass ich befürchte, jemand könnte es trotz der Lautstärke im Saal hören.

»Was ist denn los?«, fragt sie mich.

»Er hat mir diesen Duplo hier geschenkt!«

Ich wedle damit herum und verstehe nicht, warum sie mich ansieht, als hätte ich einen Totalschaden.

»Ein Schokoriegel, und nun?«

»Nur ich habe einen bekommen! Ich habe jede Klasse beobachtet, bei keinem anderen Schüler hatte eines der Kinder einen Duplo in der Hand.«

»Entschuldige, dass ich deine Euphorie nicht teile, aber ich verstehe nicht, warum du deswegen so ausrastest.«

»Überleg' doch mal«, erkläre ich, »er hat sich hinter der Bühne Gedanken gemacht. Für ein paar Augenblicke hat er an mich gedacht, nur an mich. Auch wenn es nur Sekunden waren und er es möglicherweise jetzt schon wieder vergessen hat, diese Sekunden waren für mich.«

»Okay, wenn man es so sieht, ist es schon ganz

niedlich«, muss Kayla zugeben.

In diesem Moment kommt mein Vater, den ich jetzt zum ersten Mal sehe, zu mir. Er nimmt mich in den Arm.

»Ich bin so stolz auf dich«, sagt er und drückt mich an sich.

»Danke, Papa.«

Auch Kaylas Eltern kommen auf uns zu und nehmen sie in den Arm.

»Habt ihr auch solchen Hunger?«, fragt Kaylas Vater und reibt sich mit einer Hand über seinen Bauch.

»Ja, ich glaube, ich sterbe gleich«, sagt Kayla.

»Was haltet ihr davon, wenn wir alle zusammen Pizza essen gehen?«, schlägt mein Vater vor.

Alle sind damit einverstanden, denn Lust zum Kochen hat irgendwie keiner mehr. Außerdem gibt es etwas zu Feiern.

Bevor wir gehen, möchten unsere Eltern noch Fotos von uns machen. So viel Zeit muss sein, sagen sie. Kayla und ich stellen uns nebeneinander hin und halten stolz unser Zeugnis in die Kamera.

Als wir gerade das Gebäude verlassen wollen, sehe ich Didi, wie er als letzter die Bühne verlässt und sich dabei mit Menschen unterhält, die ich noch nie zuvor gesehen habe. Er hat das Geschenk nicht bei sich.

»Gehen wir?«, fragt mich Kayla.

»Ja«, sage ich, ohne meinen Blick von Didi abzuwenden. Er ist sehr vertieft in das Gespräch und bemerkt mich gar nicht. Ich drehe mich zu Kayla und wir gehen nach draußen.

»Wir treffen uns dann dort, ja?«, fragt Kaylas Vater

meinen.

Wir fahren getrennt zum Restaurant, schließlich kamen wir auch nicht zusammen her. Papa und ich haben einen längeren Weg zum Auto als Kayla und ihre Eltern. Als wir gerade ins Auto eingestiegen sind, sehe ich Didi, wie er zu seinem Auto läuft.

»Warte noch kurz«, sage ich zu Papa, der gerade den Motor starten will.

»Ist etwas passiert?«, fragt er.

»Nein, alles gut. Warte nur kurz.«

Mittlerweile hat es in Strömen angefangen zu regnen. Didi öffnet seinen Kofferraum und sucht etwas. Auch hier kann ich mein Geschenk nicht sehen. Hat er es überhaupt mitgenommen?

Als er die Tür des Kofferraumes wieder schließt, kann ich sein Kennzeichen erkennen. Ich vermute, dass die Zahlenkombination am Ende des Schildes das Hochzeitsdatum mit seiner Frau bedeuten sollen.

»Alles klar, du kannst losfahren«, sage ich.

Als wir wieder Zuhause ankommen, gehe ich erst einmal warm duschen. Durch den Regen ist mir richtig kalt geworden und meine Freude hat sich schleichend in Traurigkeit umgewandelt. Immer, wenn ich einen schlechten Tag habe oder traurig bin, gehe ich warm duschen. Ich weiß auch nicht, warum, aber es hat schon so oft alles besser gemacht.

Ich habe mich riesig darüber gefreut, dass Didi mir heute eine Freude bereitet hat. Aber dann ist mir wieder bewusst geworden, dass ich mich vielleicht nur in etwas hineinsteigere, das gar nicht da ist. Nach dem Abschlussball werden wir uns vermutlich nie wiedersehen. Vielleicht hat er mein Geschenk direkt heute noch entsorgt und liegt jetzt auf seiner Couch mit seiner Frau im Arm. Ich möchte das alles nicht wahrhaben.

Ich schließe mein Handy an den Laptop an, um das Foto von Didi und mir, das Kayla heute gemacht hat, auszudrucken. Dann schneide ich das Foto aus, wobei ich mir besonders viel Mühe gebe. Ich behandle es wie etwas sehr Wertvolles. Ich krame mein Tagebuch heraus und klebe das Foto, das Kayla heute von uns gemacht hat, hinein. Während ich versuche, meine Gefühle dazu aufzuschreiben, läuft mir ab und zu eine Träne über die Wange. Morgen ist der letzte Tag, an dem wir uns offiziell sehen werden. Klar, man sieht sich immer zweimal im Leben. Aber beim zweiten Mal kann es einfach schon zu spät sein. Wer weiß, wann bei uns dieses zweite Mal sein wird? Ich glaube, mich erwartet eine ganz große Überraschung.

29. Juni 2017

Hallo Tagebuch,
heute war eigentlich ein schöner Tag. Selten war ich so glücklich und aufgeregt zugleich. Ich habe Didi mein Geschenk gegeben, ein Foto mit ihm gemacht und einen Duplo von ihm geschenkt bekommen! Nur ich! Voll süß, oder?
Leider konnte ich nicht alles in den Brief schreiben, was ich schreiben wollte – das würde nur Probleme schaffen. Morgen ist der Abschlussball und Didi wird auch da sein. Wird es das letzte Mal sein, dass wir uns sehen? Ich bin so zerrissen.
Ich kann es nicht fassen, dass ich ein Foto von mir und ihm habe.
Ich weiß nicht, was ich tun soll. Soll ich mich freuen oder weinen?

Gute Nacht, Tagebuch
deine Janna

18

Ich möchte keinen Zentimeter mehr zwischen uns

Heute ist Samstag, der Tag unseres Abschlussballs. Ich habe die ganze Nacht kaum geschlafen und bin schon super nervös aufgewacht. Ich habe jetzt meinen Schulabschluss in der Tasche, aber irgendwie bin ich auch melancholisch deswegen. Mit Sicherheit werde ich einen Großteil der Menschen in meinem Jahrgang nie wieder sehen. Ob ich das gut finde oder nicht sei mal dahingestellt, aber ich kann mich noch nicht wirklich mit dem Gedanken anfreunden, dass alles heute Abend schon vorbei sein soll.

Ich bin, für meine Verhältnisse, sehr früh wach. Ich stehe aber nicht auf, sondern bleibe noch zwei Stunden liegen, weil ich weiß, dass Papa mich irgendwann wecken würde. Diese zwei Stunden verbringe ich nur damit, nachzudenken. Manchmal bekomme ich es gar nicht mit, wie ich stundenlang nur sitze und denke. Die Zeit vergeht dabei aber auch unheimlich schnell und dann frage ich mich im Nachhinein, was ich die letzte Zeit eigentlich gemacht habe.

Um elf Uhr will Kayla zu mir kommen, dass wir uns hübsch machen können für diesen *großen Tag.*

»Na, bist du bereit?«, fragt Papa mich beim Frühstück.

»Nicht wirklich«, sage ich.

»Ich habe noch ein Geschenk für dich. Zum bestandenen Abitur. Ich möchte es dir vor der Feier schon geben.«

»Was ist es denn?«

Papa drückt mir einen Umschlag in die Hand, auf dem mein Name steht. Ich sehe meinen Vater an. Dann öffne ich den Umschlag. Mehrere Banknoten hole ich heraus und ich habe das Gefühl, es werden immer mehr. Erstaunt sehe ich meinen Vater an.

»Ich wusste nicht, was ich dir schenken kann«, sagt er, »also kannst du dir nach dem Abitur selbst etwas davon kaufen.«

»Aber so viel? Danke, Papa.«

Ich lehne mich zu ihm herüber und umarme ihn.

»Keine Ursache.«

Es klingelt an der Tür. Kayla ist da, ein paar Minuten zu früh, und hat ihr eigenes Kleid und einen Koffer mit Schminke dabei.

»Oh, geht's nach Hollywood?«, fragt mein Vater, als er Kayla anschaut.

»Sehr witzig«, antwortet Kayla, »sagen wir: noch nicht.« Wir gehen in mein Zimmer und verabschieden uns die nächsten Stunden von Papa. Kayla hängt ihr Kleid neben meins und stellt den Koffer auf meinem Teppich ab.

»Warum ziehst du so ein Gesicht?«, fragt sie mich.

»Ich weiß nicht«, sage ich, »irgendwie bin ich noch nicht in Stimmung.«

»Das kommt schon noch, wenn wir uns erst mal fertiggemacht haben. Welches Make-Up darf es denn sein? *So verführe ich meinen Lehrer?*«

»Wenn du meinst, dass es hilft«, sage ich monoton. Plötzlich fliegt ein Kissen gegen meinen Kopf. Kayla baut sich vor mir auf.

»Hey, was soll das?«

»Schnappst du dir heute den Typen, auf den du seit über zwei Jahren stehst oder nicht?«

Ich will nicht sagen, dass sie brüllt, aber sie klingt wie ein Trainer, der seine Mannschaft anfeuert.

»Na ja, ich...«

»Ja oder ja?!«

Jetzt schreit sie wirklich. Ich stehe auf und stelle mich vor sie.

»Ja!« sage ich selbstbewusst und muss anfangen zu lachen.

»Das will ich hören! Und jetzt setz dich hin, wir haben noch viel vor.«

»Was willst du mir denn damit sagen?«

Kayla grinst einfach nur. Ich folge ihrer Anweisung. Da ich vom Schminken absolut keine Ahnung habe, vertraue ich ihr da zu einhundert Prozent. Anschließend schminkt sie sich selbst und nach gefühlten Stunden sind wir endlich damit fertig. So viel Aufwand für einen Abend, warum?

Mein Vater hat sich mittlerweile auch schon umgezogen und wir können pünktlich losfahren.

»Wow«, sagt Papa, als Kayla und ich in den Flur laufen, »wann ist mein kleines Mädchen nur so groß geworden?«

Wenn es um mich geht, wird Papa schnell emotional. Ich möchte aber vermeiden, dass er anfängt zu weinen.

»Ich werde immer dein kleines Mädchen bleiben, Papa«, sage ich.

Ihm steigen die Tränen in die Augen, aber zeigen will er es nicht.

»Ich warte im Auto«, sagt er und geht zügig nach draußen.

Kayla mustert mich. »Gut siehst du aus«, sagt sie.

»Findest du? Ich gebe dir gerne die Nummer meiner Stylistin.«

Gemeinsam gehen wir zum Auto, in dem mein Vater schon auf uns wartet. Kayla und ich setzen uns auf die Rückbank. Papa lässt die Fenster herunter, weil es unglaublich warm draußen ist, und dann fährt er los.

Theoretisch kann man zur Feier mitbringen, wen man möchte, aber da ich außer Papa keine Familie habe, ist nur er mein Gast.

Die Männer auf dieser Veranstaltung tun mir besonders leid, weil es verdammt warm ist und sie im Anzug dort erscheinen. Wir Frauen können halbwegs luftige Kleider anziehen und schwitzen nur halb so viel wie die Männer.

Kaylas Eltern erwarten uns bereits vor der Veranstaltung. Rick und Jay ebenso. Die beiden sind im Partnerlook gekleidet: Rick trägt einen dunkelblauen Anzug mit roter Krawatte, Jay einen roten Anzug mit dunkelblauer Krawatte. Sie sehen zusammen echt süß aus, und total glücklich noch dazu.

Wir umarmen uns alle und machen uns Komplimente zu unseren Outfits. Streng genommen haben wir uns gegenseitig noch nie so gesehen.

»Ihr müsst noch eine halbe Stunde warten«, sagt Kayla zu ihren Eltern und meinem Vater.

Bevor die Angehörigen aller Schüler eintreten dürfen, muss der ganze Jahrgang ein Foto zusammen machen. Das dauert eine gefühlte Ewigkeit, denn ständig hat der Fotograf etwas zu bemängeln. Es ist der gleiche Fotograf wie bei der Zeugnisausgabe und auch da war er mir nicht sonderlich sympathisch.

»Whisky« ist für ihn das »Cheese«, das man bei Fotos sagt, um zu grinsen. Er fühlt sich sehr lustig, aber keiner sonst lacht.

Nachdem wir das Foto gemacht haben, füllt sich langsam der Saal. Heute sind ungefähr genauso viele Gäste da wie vor zwei Tagen. Höchstwahrscheinlich sind es sogar die gleichen.

Heute lassen wir uns noch ein bisschen mehr feiern, als bei der Zeugnisausgabe. Schüler laufen zu zweit in den Saal ein und dürfen sich bejubeln lassen. Am liebsten gesehen sind Pärchen bestehend aus einem Jungen und einem Mädchen, aber Kayla und ich laufen zusammen ein, weil wir nicht wollen, dass Rick sich zwischen uns entscheiden muss. Da Jay nicht zu unserem Jahrgang gehört, darf er leider nicht mit Rick zusammen einlaufen. Deshalb läuft er zusammen mit einem Mädchen aus unserem Jahrgang, das auch noch keinen Partner hat. Wir haben alle noch nie ein Wort mit ihr gesprochen, aber ich glaube, dass sie Laura heißt.

Als der Saal gefüllt ist, wird das Licht gedimmt und die Scheinwerfer auf die Bühne gerichtet. Mein Vater sitzt zusammen mit den Eltern von Kayla und Rick an einem Tisch. Im Voraus konnte man sich aussuchen, mit wem man an einem Tisch sitzen möchte und da wir nicht so viele Personen sind, passen unsere drei Familien alle an einen Tisch.

Auf der Bühne stehen Maria und Ben. Sie moderieren den ganzen Abend und rufen nacheinander alle Schüler auf und diese laufen dann anschließend in den Saal ein. Kayla und ich stehen ziemlich mittig, was ich gut finde, denn ich finde die Vorstellung schrecklich, als Erste oder Letzte einzulaufen. Als Erste muss man stark darauf achten, alles richtig zu machen und die Letzten bekommen kaum noch Aufmerksamkeit.

Es geht los. Nacheinander laufen die Schüler los, sobald ihr Name erklingt. Links und rechts am Rand stehen Eltern, Angehörige und auch die Lehrer. Die Klassenlehrer unseres Jahrgangs und andere Lehrer, die in unserem Jahrgang unterrichtet haben. Ich schaue ständig nach, ob ich Didi irgendwo entdecke, aber dafür ist es im Saal zu dunkel.

Auf dem Boden ist ein roter Teppich ausgerollt, der direkt zur Bühne führt. Kayla und ich halten uns an den Händen, als wir von unseren Eltern bejubelt werden. Der

Rest der Menschen klatscht durchgängig, aber als wir vorbeilaufen, rufen unsere Eltern unsere Namen besonders laut. Mir ist es irgendwie unangenehm, dennoch habe ich meinen Vater noch nie so stolz gesehen.

Auf der anderen Seite, gegenüber von unseren Eltern, entdecke ich nun auch Didi. Er klatscht, so wie alle Anderen im Raum. Ich lächle ihn an und versaue somit wahrscheinlich mein Foto, weil der Fotograf auf der gleichen Höhe steht und ich in diesem Moment in seine Kamera hätte schauen müssen. Kayla schaut lächelnd in die Kamera, doch ich schaue zu Didi und bemerke erst im Nachhinein, dass ein Foto gemacht wurde. Wenigstens ist mein Lächeln ernst gemeint, denn es ist ihm in diesem Moment gewidmet.

Vor der Bühne sammeln sich alle Schüler und stellen sich in vier Reihen auf, bis die Letzten es nach vorne geschafft haben. Anschließend gab es noch einen kräftigen Applaus und dann dürfen wir uns endlich zu unseren Familien setzen, um uns das Programm anzusehen.

Jede Klasse hat eine Danksagung an ihren Klassenlehrer geschrieben und diese bekommen anschließend einen großen Blumenstrauß überreicht.

In der Danksagung haben die meisten das geschrieben, was die Lehrer hören wollen oder was sich im Rahmen so einer Veranstaltung angemessen anhört. Unser Klassenlehrer war immer sehr distanziert zu uns und zudem sehr verpeilt, was die letzten zwei Jahre aber ziemlich witzig machte. Ständig hatte er vergessen, dass er mit uns Unterricht hat und wir mussten ihn aus dem Lehrerzimmer abholen. Außerdem bewertet er meistens eher nach Sympathie statt nach Leistung und ich hatte gute Noten, da er mich anscheinend gut leiden konnte. Kayla hingegen schien er nicht so zu mögen, denn ab und zu nannte er sie *Grumpy*, weil sie oft schlechte Laune hatte. Oder, wie sie sagt, nur nach innen glücklich war. Trotzdem ist sie zufrieden mit ihrem Abschluss.

Felix hält die Rede im Namen unserer Klasse und bedankt sich für zwei schöne Jahre und all die schönen Erlebnisse und so. Ehrlich gesagt höre ich ihm nicht zu, weil ich mit meinen Gedanken wieder ganz woanders bin. Felix überreicht unserem Klassenlehrer seinen Blumenstrauß, schüttelt ihm die Hand und dann gehen beide von der Bühne.

Offensichtlich ist das Programm beendet, denn Ben nimmt das Mikrofon in die Hand und sagt »das Buffet ist eröffnet.«

Die Masse stürmt zum Buffet, doch ich setze mich an unseren Tisch, neben meinen Vater, weil ich noch keinen Appetit habe und ich so viele Menschen auf einem Fleck nicht ertragen kann. Vor anderen Menschen essen – grauenvoll für mich. Kayla und ihre Eltern warten, bis die Masse wieder sitzt und dann holen sie sich etwas zu Essen. Ich bleibe nach wie vor sitzen.

Bis das Buffet wieder abgebaut wird, dauert es circa anderthalb Stunden. Danach gibt es kein Programm mehr, aber die Tanzfläche wird eröffnet. Kayla, Rick, Jay und ich bewegen uns zur Tanzfläche und tanzen zuerst einen langsamen Walzer. Kayla mit Jay und Rick mit mir. Danach wird die Musik immer schlechter, denn der DJ spielt hauptsächlich Schlager. Also setzen wir uns wieder an unseren Tisch und unterhalten uns, sofern es uns bei dieser Lautstärke möglich ist.

»Ich besorge uns mal etwas zu trinken«, sagt Rick, »was möchtet ihr haben?«

»Bier?«, fragt Kayla in die Runde.

Jay und ich nicken zustimmend.

»Ich helfe dir beim Tragen«, sagt Jay und begleitet Rick zur Bar, um das Bier zu holen.

Drei Gläser Bier später ist die Stimmung perfekt. Ich bin sehr angeheitert. Das könnte daran liegen, dass ich nichts gegessen habe und zusätzlich auch nicht viel Alkohol vertrage. Das ist gefährlich, denn ich kann sehr gesprächig werden, wenn ich etwas getrunken habe. Ich möchte, vor allem zu Didi, nichts sagen, das ich Morgen bereuen könnte. Ich beobachte ihn ab und zu. Er sitzt bei allen anderen Lehrern an dem Tisch, der für die Lehrer vorgesehen ist und scheint sich an den Gesprächen sehr zu amüsieren.

Rick und Jay erzählen sich gegenseitig, wie sexy sie doch im Anzug aussehen. Apropos sexy im Anzug, Didi sitzt nicht mehr auf dem Platz, auf dem er bis eben gesessen hat. Wo ist er hin?

»Darf ich um einen Tanz bitten?«

Ah, jetzt weiß ich, wohin er gegangen ist. Er steht plötzlich neben mir. Meine Wangen laufen rot an. Er streckt mir seine rechte Hand entgegen, während er seine linke Hand hinter seinem Rücken versteckt. Verdutzt sehe ich in die ebenso erstaunten Gesichter meiner Freunde, brauche aber nicht lange zu überlegen. Ich lege meine rechte Hand in seine und stehe auf. Er lächelt mich an und ich lächle ihn an. Wie könnte ich nicht? Er hält meine Hand immer noch.

Wir laufen Hand in Hand den Saal entlang zur Tanzfläche vor der Bühne. Der DJ steht auf der Bühne hinter seinem Mischpult. Die Tanzfläche ist voll und das ist auch gut so. Ich kann überhaupt nicht tanzen und wenn ich dies alleine tue, komme ich mir noch komischer vor, als wenn ganz viele Menschen um mich herum es ebenfalls nicht können.

Wir drängeln uns in die Mitte der Menschenmasse, welche ausgelassen feiert. Didis Kopf neigt sich in meine Richtung.

»Ich muss dir noch etwas sagen«, sagt er so laut, dass ich es hören kann.

Es ist ziemlich laut, was ja üblich ist für eine Party. Ich zucke mit den Schultern, um ihm zu signalisieren, dass ich nicht weiß, was er meint.

»Ich bin richtig schlecht im Tanzen.«

»Macht nichts«, antworte ich, »ich auch.«

Er fängt an, sich zu der Musik zu bewegen. Seine Füße sind nicht im Takt und mit dem Rest seines Körpers weiß er scheinbar nichts anzufangen. Ich muss lachen, weil er so verzweifelt aussieht, dass es schon wieder süß ist. Ich mache mit, weil ich mir denke, schlimmer kann es nicht werden. Wenn wir uns schon blamieren, dann eben zusammen. Ich würde zu gerne wissen, wie mein Vater reagiert hat, aber ich kann ihn von hier aus nicht sehen.

Auch wenn ich nicht viel getrunken habe, zeigt der Alkohol seine Wirkung. Mein Gesicht ist immer noch ganz warm und ab und zu dreht sich alles um mich herum. Ich nehme die Menschen um mich herum nicht wahr. Ob sich jemand fragt, warum wir beide zusammen tanzen?

Das Lied wird immer leiser und dann geht die Musik aus. Der DJ nimmt sein Mikrofon in die Hand und hat die Musik komplett stumm geschaltet.

»Ich möchte, dass ihr jemanden, den ihr gernhabt, genau jetzt in den Arm nehmt. Genießt den Moment, verbreitet Liebe!«, brüllt er in sein Mikrofon.

Um uns herum stehen auf einmal nur Pärchen, die sich in die Arme schließen und küssen. Didi schaut sehr auffällig in der Gegend umher, fast schon übertrieben. Er legt seine rechte, flache Hand an seine Stirn und tut so, als würde er Ausschau nach jemandem halten. Dann sieht er zu mir. Er schaut erschrocken und muss selbst lachen. Er breitet seine Arme aus und legt sie um mich. Wir umarmen uns. Zu lang für eine freundschaftliche Umarmung, aber nicht lang genug, dass es Fragen aufwerfen könnte.

»In Anbetracht der Tatsache, dass ich auf der Tanzfläche kaum jemanden kenne, habe ich wohl keinen hier mehr gern als dich. So habe ich wohl keine andere Wahl.«

»Hören Sie auf, so kompliziert zu reden, ich bin betrunken«, sage ich.

Didi lacht. Die Musik geht wieder an.

»Süß«, sagt er.

Ich lege meine Arme um seinen Hals und er umfasst meine Taille. Ich lächle ihn an und lege meinen Kopf auf seiner Schulter ab. Er hat die perfekte Körpergröße dafür. Ich genieße diesen Moment, so, wie der DJ es befohlen hat. Ich dachte vorgestern, dies wäre der schönste Tag meines Lebens, aber nach diesem Tanz wird wohl heute der offiziell schönste Tag.

Ich nehme meinen Kopf wieder hoch. Seine Hände sind immer noch an meiner Taille. Von mir aus können sie dort auch ewig bleiben, er muss sie nicht wieder wegnehmen. Ich schaue ihm in die Augen und er schaut in meine. Bis das Lied vorbei ist, sehen wir uns an. Ununterbrochen. Erst jetzt realisiere ich, was hier eigentlich passiert. Wie viele Mädchen da draußen schwärmen für ihren Lehrer und haben nicht einmal die Möglichkeit, überhaupt ein richtiges Gespräch mit ihm zu führen? Jetzt stehe ich hier mit Didi, Arm in Arm, tanzend auf meinem Abschlussball. Mit so viel Glück habe ich nie im Leben gerechnet. Mein Herz rast. Er schaut nicht woanders hin und auch ich denke nicht einmal daran, woanders hinzusehen. Ich blende alles Andere um mich herum aus. Ich blende aus, dass mein Gesicht glüht und meine Füße von den hohen Schuhen höllisch wehtun, aber vor allem, dass wir gerade möglicherweise angestarrt werden. Es ist mir alles egal.

»Lass uns gleich nach draußen gehen, okay?«

Ich nicke. Das Lied dauert nicht mehr lange und wir drängeln uns aus der Masse heraus, bevor die schnelle Musik wieder losgeht. Wir lassen einander los und er greift nach meiner Hand, um mich auf dem Weg nach draußen nicht in der Masse zu verlieren.

Auf dem Weg nach draußen laufen wir an meinem Tisch vorbei und bleiben stehen. Mein Vater und Kaylas Eltern verkünden, dass sie gehen möchten. Ricks Eltern sind bereits gegangen. Kayla, Rick und Jay sitzen immer noch am Tisch.

»Ruf an, wenn du abgeholt werden möchtest«, sagt

Papa.

Ich gebe ihm einen Kuss auf die Wange und verabschiede mich von ihm.

»Habt noch einen schönen Abend«, sagt er und schaut Didi und mich an. Dann geht er.

Kayla kommt zu mir und zieht mich ein Stück von Didi weg.

»Was geht denn jetzt ab?«, fragt sie mich leise.

»Wir haben getanzt.«

»Und jetzt?«

»Will er mit mir nach draußen gehen.«

»Um was zu tun?«

»Keine Ahnung.«

»Wenn etwas sein sollte, ich bleibe wachsam!«

Ich drücke Kayla und gehe wieder zu Didi.

»Wollen wir nach ganz draußen gehen oder nur hierher?«, frage ich ihn, als wir im Vorraum des Saals stehen.

»Nach ganz draußen«, sagt er und ich folge ihm aus dem Gebäude, wo es bereits dunkel geworden ist.

Hier sind kaum Menschen. Für Didi ist dies anscheinend ein Grund, erneut nach meiner Hand zu greifen.

»Wo möchten Sie denn hingehen?«, frage ich.

»An einen ungestörten Ort.«

Er zwinkert mir zu. Ohne ein weiteres Wort zu sagen, biegt er in eine kleine Seitenstraße ab und zieht mich hinterher. In dieser Straße ist nichts außer einer Laterne und uns. Die Häuser sind offensichtlich bewohnt, da in manchen Wohnungen noch Licht brennt. Ich habe keine Ahnung, wie spät es ist. Die Straße ist eng, aber nicht beklemmend. Wir sind alleine und es sind weit und breit keine Menschen zu sehen.

Ich stehe nicht weit entfernt von einer Hauswand und lehne mich dagegen. Ich bin ein wenig erschöpft und spüre sowohl meine Füße als auch meinen Rücken bald nicht mehr.

Wir sagen nichts, obwohl dieser Moment eigentlich perfekt dafür wäre. Ich schaue ihn an und gebe ihm ein Zeichen, dass er näher zu mir kommen soll. Ohne zu zögern geht er einen Schritt auf mich zu. Alles oder nichts, denke ich mir.

Meine rechte Hand lege ich an seinen Hinterkopf. Er legt seine Hände an meine Hüfte und seine Stirn berührt mittlerweile meine. Ich halte seinen Kopf fest und ziehe ihn langsam zu mir heran. Ich kann seinen Atem spüren. Ich glaube, er ist mindestens genauso aufgeregt wie ich.

»Küss mich, wenn ich falsch liege, aber Dinosaurier existieren noch, oder?«, flüstert er, während nicht mal eine flache Hand mehr zwischen uns gepasst hätte.

»Sie hätten nach dem *küss mich* schon aufhören können zu reden.«

Ich ziehe ihn näher zu mir heran und unsere Lippen berühren sich endlich. Er zieht mich ebenfalls zu sich heran. So, als hätte er Angst, ich könnte abhauen.

Ich weiß nicht, wie lange dieser Kuss dauert. Auf jeden Fall nicht lange genug. Ich frage mich, warum Didi so perfekt ist. Wären Menschen Gedichte, wäre er exakt das, was ich schreiben wollen würde.

Wir lassen langsam die Lippen voneinander los, die Hände jedoch nicht. Wir schauen uns tief in die Augen. Was passiert hier gerade? Ich bin einfach nur glücklich. Die Szene, die sich schon so lange in meinem Kopf abspielt, ist soeben zur Realität geworden. Jedes Mal, wenn ich eine Sternschnuppe sah, habe ich mir das hier gewünscht.

Das glaubt mir meine Therapeutin nie, dass ich überglücklich in einer engen, dunklen Gasse stehe. Dass ich meinen Lehrer küsse, realisiere ich jedoch weniger als die Tatsache, dass ich in einer dunklen Gasse stehe. Mir gehen so viele Gedanken durch den Kopf, dass ich nicht weiß, wohin damit.

»Ist alles okay?«, fragt er mich und wir bewegen uns keinen Millimeter voneinander weg.

Am liebsten würde ich ihm in diesem Moment alles sagen; was ich für ihn empfinde und wie lange schon. Aber jetzt ist nicht der Zeitpunkt für so ein Gespräch.

»Meine Therapeutin hält Sie für eine gute Idee«, sage ich, weil mir in diesem Moment nichts besseres einfällt. Zugleich fällt mir auf, dass ich Didi nie von meinem Biest oder meiner Therapeutin erzählt habe.

»Ich halte uns auch für eine gute Idee«, sagt er und küsst mich nochmal.

Für einen kurzen Moment machen sich Zweifel in meinem Kopf breit. Ich kenne ihn nicht gut genug und weiß gar nicht alles über ihn. Wer weiß, warum er das hier alles tut. Vielleicht bilde ich mir nur ein oder habe falsche Hoffnungen, dass das hier echt ist.

Und wenn es so ist, scheiß drauf. Ich erwidere seinen Kuss und versuche an nichts anderes zu denken. *Jetzt ist es wenigstens nicht mehr illegal*, denke ich mir, weil ich ab heute keine Schülerin mehr bin. Während meine Freunde fünfzig Meter weiter ihren Schulabschluss zusammen feiern, erlebe ich den wohl kuriosesten aber auch schönsten Moment meines Lebens in einer dunklen, verlassenen Seitenstraße.

Angst darf einen nicht von etwas abhalten, das man liebt. Und in diesem Moment ist mir vor allem das Biest in meinem Kopf egal. Diesen Moment lasse ich mir nicht kaputtmachen.

»Wollen wir zurückgehen?«, fragt er mich.

»Und den schönen Moment einfach so beenden?«, antworte ich, »ich will noch nicht, dass er vorbei ist.«

»Ich auch nicht, aber irgendwann fällt es auf, wenn wir lange Zeit weg sind und irgendwann aus einer dunklen Gasse wieder auftauchen.«

Ich küsse ihn ein letztes Mal.

»Okay, dann gehen wir.«

Wir lassen einander los und laufen langsam die Straße entlang zurück.

»Tut mir leid, dass ich dich damit so überfallen habe, aber ich musste das heute einfach tun.«

Überfallen. Dieses Wort löst immer noch Unbehagen in mir aus.

»Sie brauchen sich nicht zu entschuldigen«, sage ich, »wenn ich Ihnen eine Sache nicht übel nehme, dann diese hier.«

Als wir zurück sind, sehe ich Kayla. Sie steht draußen vor dem Eingang und raucht. Ihre Augen werden riesig, als sie mich sieht. Ich kann die Fragen schon in ihren Augen lesen.

»Na gut, sehen wir uns später? Ich gehe kurz zu den Kollegen zurück«, sagt Didi, »man fragt sich bestimmt schon, wo ich stecke.«

Ich lächle und nicke und er verschwindet im Saal.

»Ach du scheiße Janna«, schreit Kayla fast, »was war das?«

»Was war was?«

»Jetzt spann mich nicht auf die Folter, erzähl schon!«

»Na ja, es gab da diesen Moment.«

»Was für einen Moment?«

»Du weißt ganz genau, was für einen Moment ich meine.«

»Oh mein Gott, habt ihr euch -«

»Pscht«, unterbreche ich sie und ziehe sie ein Stück zur Seite.

»Ihr habt euch geküsst?«, flüstert sie fast.

Ich nicke nur und sehe um mich, um sicherzugehen, dass es keiner gehört hat. Kayla starrt mich mit offenem Mund an, als würde sie mir nicht glauben.

»Ne.«

»Doch«, sage ich.

»Und nun?«

»Na darüber haben wir jetzt nicht geredet«, antworte ich, »geredet haben wir generell nicht so viel.«

Kayla drückt ihre Zigarette am Aschenbecher aus. »Ich brauche einen Schnaps.«

Wir stehen an der Bar und bestellen zwei Shots. Eigentlich möchte ich nichts mehr trinken, um nicht das Risiko einzugehen, morgen etwas von diesem Tag vergessen zu haben. Ich bin überwältigt, aber der glücklichste Mensch in diesem Raum.

19

*Ich bin froh, jemanden zu haben, bei dem
mir das 'Auf Wiedersehen' so schwerfällt*

Heute ist der Tag gekommen, an dem meine beste Freundin wegzieht. Weit weg. Dieser Tag ist schneller gekommen, als mir lieb ist.

Kayla hat kein eigenes Auto und ihre Eltern teilen sich eins, deswegen benutzen wir Carlos ebenfalls für den Umzug. Nur Kaylas Mutter kommt mit, weil sie die komplette Rückbank des Autos und den Beifahrersitz für Gepäck brauchen. So ist nur Platz für eine Person im Auto. Auch Carlos ist gefüllt mit Gepäck, aber nur so, dass Kayla und ich noch darin sitzen können.

Kaylas Mutter hat ein Abschiedsgeschenk für ihre Tochter besorgt und versucht es in einem unbemerkten Moment noch ins Auto zu schmuggeln, sodass Kayla nichts mitbekommt. Bisher hat Kayla noch nicht gezeigt, dass ihr der Abschied schwerfällt. Sie gibt so etwas nicht gerne zu, aber eigentlich weiß ich es.

Als wir mit dem Beladen fertig sind, umarmt Kayla ihren Vater zum Abschied. Er ist nicht begeistert davon, nicht mitfahren zu können.

Dann fahren wir los, in Richtung Autobahn, auf der wir die nächsten fünf Stunden verbringen würden. Ich bitte Kayla darum, das Navigationsgerät aus dem Handschuhfach zu nehmen und die Adresse einzugeben. Sie nimmt es heraus, tippt die Adresse ein und klebt es anschließend an die Windschutzscheibe. Das Gerät ist allerdings sehr alt und nach kurzer Zeit versagt der Ton, sodass man sich allein auf das Bild verlassen muss. Immerhin können wir dadurch laut Musik hören.

Während der Fahrt müssen wir sechs Mal anhalten, weil ich zur Toilette muss. Somit verlieren wir fast eine Stunde Zeit, aber irgendwann finden Kayla und ihre Mutter es witzig, bei jedem Schild am Rand der Autobahn, das auf eine Toilette hinweist, Bemerkungen wie »los Janna, jetzt oder nie« zu machen. Es ist wirklich nicht witzig, eine schwache Blase zu haben.

Die fünf, beziehungsweise sechs, Stunden Fahrt gehen am Ende doch schneller herum, als ich gedacht habe.

Schließlich kommen wir in der Stadt an, die von nun an Kaylas neues Zuhause sein soll. Wenn es darum geht, große Schritte zu wagen, war Kayla schon immer mutiger als ich. Ich könnte nicht einfach so in eine fremde Stadt ziehen, die so weit entfernt von meiner Heimat ist. Vielleicht bin ich dafür zu ängstlich.

Es ist zum Glück noch nicht dunkel und wir können ihre Sachen gleich noch in die Wohnung tragen, wenn es draußen noch hell ist. Kayla hat keine eigene Wohnung, sondern eine Wohngemeinschaft mit fünf anderen Mädchen. Ich weiß nicht, ob ich mit fünf anderen Menschen zusammen wohnen könnte. Dazu noch mit fünf fremden Menschen. Irgendwie würde mir meine Privatsphäre da zu kurz kommen. Aber Kayla hat sich dafür entschieden und ich möchte ihr das alles nicht schlechtreden, schließlich muss sie in der nächsten Zeit damit zurechtkommen.

Wir parken mit beiden Autos in der Straße, in der sich die neue Wohnung befindet. Das Haus sieht von außen sehr alt aus. Wir schnappen uns jeder schon mal einen Umzugskarton und laufen zur Eingangstür. Es öffnet uns eine junge Frau, schätzungsweise Anfang zwanzig, die uns sehr freundlich empfängt. Sie stellt sich höflich vor und bittet uns herein. Auf direktem Weg führt sie uns zu dem Zimmer, in dem Kayla ab sofort wohnen wird. Dann verabschiedet sie sich. Sie hätte noch einen Termin, sagt sie.

Der Boden in der ganzen Wohnung besteht aus alten Holzdielen, die bei jedem Schritt Geräusche machen. Kaylas Zimmer hat zwei große Fenster und ist nicht groß, aber auch nicht klein. Es ist größtenteils möbliert: im Zimmer stehen ein Bett, ein Schrank, ein Schreibtisch mit Stuhl und ein kleiner Nachttisch. Deshalb konnten wir den Umzug mit zwei Autos bewältigen, weil wir keine großen Möbel mitnehmen mussten.

»Lasst uns erstmal alles abstellen, ich räume irgendwann später auf, wenn ihr auf dem Heimweg seid«, sagt Kayla, »dann können wir etwas Essen gehen, ich bin echt ziemlich hungrig.«

Also stellen wir alle Kartons, Koffer und Tüten in ihr Zimmer und setzen uns danach wieder ins Auto, um in ein Restaurant zu fahren. Wir entscheiden uns für ein Burger Restaurant, weil es nicht so weit entfernt und nicht so teuer ist.

Immer, wenn ich in einer neuen Stadt bin, muss ich mich daran gewöhnen, woanders zu sein. Am ersten Tag fühle ich mich meistens sehr unwohl und ich glaube, dass man mir das auch anmerkt. Hinzu kommt, dass ich weiß, dass ich am nächsten Tag ohne meine beste Freundin wieder nach Hause fahren muss. Diese Traurigkeit schleicht sich gerade unterbewusst ein vermischt sich mit meinen Gefühlen der Unsicherheit und mit meinem Unwohlsein. In solchen Situationen bin ich eher in mich gekehrt und rede nicht, weil mich so viele Einflüsse schnell überfordern. Kayla fragt mich ständig, ob alles okay ist und ich nicke immer, obwohl sie mich mittlerweile so gut kennt, dass sie weiß, dass es mir nicht gut geht. Aber heute ist der letzte Abend, bevor wir uns eine Weile nicht sehen, dabei geht es nicht um mich. Ich gebe mir große Mühe, mich nicht in die Gedanken hineinzusteigern. Ich schaffe mein Essen nicht ganz, weil mir der Appetit irgendwann vergangen ist.

Kaylas Mutter hat sich für die eine Nacht, die wir dort verbringen, ein Hotelzimmer gebucht und nach dem Essen möchte sie auch direkt dorthin fahren, weil sie von der Fahrt ziemlich müde ist.

Wir begleiten sie noch zu ihrem Zimmer und stellen fest, dass dieses Haus dem von Kaylas Wohnung sehr ähnelt. Es ist schätzungsweise genauso alt und der Boden ist der gleiche. Wir steigen in den Fahrstuhl ein und dabei habe ich ein mulmiges Gefühl. Generell fühle ich mich in Fahrstühlen nicht so wohl, weil ich immer befürchte, dass er steckenbleiben könnte und ich stundenlang darin gefangen wäre. Allerdings ist es schlimmer, wenn ich alleine im Fahrstuhl bin. Diesmal sind Kayla und ihre Mutter bei mir und wenn wir stecken bleiben, wäre ich mit meiner Panik wenigstens nicht alleine. Wahrscheinlich habe ich eine generelle Platzangst, denn ich bin noch nie in einem Fahrstuhl stecken geblieben. Dennoch ist mein Verhältnis zu ihnen, sagen wir, distanziert.

Wir stellen das Gepäck von Kaylas Mutter im Zimmer ab und verabschieden uns. Wir würden den kommenden Tag noch zusammen verbringen.

»Bist du schon müde?«, fragt mich Kayla, als wir unten vor dem Hotel stehen.

»Nicht wirklich«, sage ich, »warum?«

»Also von mir aus müssen wir noch nicht zurückfahren.«

»Willst du dir die Stadt ansehen?«, frage ich.

Kayla nickt. Es ist ihr Abend, ich schaffe das schon. Ich bin wirklich noch nicht müde und hätte durchaus Lust, etwas zu unternehmen, allerdings ist es mittlerweile dunkel geworden. Ich weiß, dass ich in der Dunkelheit irgendwann Angst kriegen werde, aber ich will den letzten gemeinsamen Abend mit meiner besten Freundin genießen und nicht der Grund sein, dass wir in ihrem Zimmer sitzen und uns langweilen.

Wir steigen in die nächste S-Bahn, die wir finden, ohne wirklich zu wissen, wo wir landen werden. Die Endstation der Bahn ist der Hauptbahnhof und wir gehen irgendwie davon aus, dass dieser zentral liegt. In unserer Heimat ist es immerhin so.

Wir haben Glück und kommen tatsächlich an einem Platz an, wo viele Menschen sind. Für Menschen aus der Kleinstadt bedeuten viele Menschen, dass dies ein zentraler Treffpunkt sein muss. Aus einer Seitenstraße kommen viele Jugendliche, die in unserem Alter sein müssen, getorkelt. Unsere logische Schlussfolgerung ist, dass es dort zumindest Bars geben muss, denn zusätzlich zu den ganzen betrunkenen Menschen ist es sehr laut und hell. Wir laufen einfach wohin der Weg uns führt und landen letztendlich in einem Club, der eher unauffällig, aber nicht so überfüllt ist. Das ist immer ein wichtiges Kriterium, wenn ich mich in geschlossene Räume begebe: es dürfen sich nicht zu viele Menschen darin aufhalten.

Wir geben unsere Jacken in der Garderobe ab und verständigen uns ohne Worte, dass wir uns etwas zu Trinken organisieren wollen. Ich bekomme gute Laune, denn in Kaylas Gegenwart fühle ich mich gut aufgehoben. Neben Papa kennt mich keiner so gut wie sie und sie weiß mittlerweile, wie sie handeln muss, wenn mein Biest auftaucht. Auch wenn sie mir nicht wirklich helfen kann, beruhigt mich ihre Anwesenheit. Warum das so ist, weiß ich nicht. Entweder ich fühle mich bei Menschen wohl oder nicht, es gibt da kein Zwischending. Mein Kopf fragt nur nach *Ja* oder *Nein*, nicht nach dem *Wieso*.

Im Club läuft vorrangig Deutschrap. Das ist eigentlich nicht so mein Musikgeschmack, aber es ist auszuhalten.

Kayla hingegen ist von der Musik begeistert.

Wir gehen zur Bar, die nicht leer aber auch nicht voll ist. Kayla stellt sich zwischen die Menschen, die dort stehen, um etwas zu trinken für uns zu bestellen. Mich würde das überfordern, weil mich so viele Dinge um mich herum schon belasten. Mit fremden Menschen zu reden wäre mir in diesem Moment zu viel. Kayla weiß das, nimmt unglaublich viel Rücksicht auf mich und übernimmt wie selbstverständlich diese Aufgabe auf sich.

Mit zwei Flaschen Bier setzen wir uns an einen der Tische.

»So richtig realisiert habe ich das hier alles noch nicht«, sage ich.

»Komm nicht auf die Idee, mir nicht alles zu erzählen, was Zuhause abgeht.«

Sie benutzt immer noch das Wort *Zuhause*. Das macht mich sehr glücklich.

»Ich werde dir alles erzählen«, verspreche ich und nehme einen Schluck Bier.

»Wann siehst du Didi wieder?«, fragt sie.

»Keine Ahnung.«

»Schreib ihm doch.«

»Nein«, sage ich unsicher, »ich möchte ihn nicht nerven. Wir haben uns geküsst, deswegen kann ich ihm aber nicht auf die Nerven gehen und fragen, was es denn zu bedeuten hatte.«

»Doch, ich finde, genau das kannst du.«

»Ich weiß nicht, vielleicht warte ich einfach, bis er sich meldet.«

»Ja genau, wie viel Zeit hast du denn.«

»Ziemlich viel, schließlich gibt es nicht eine Menge

Typen, die bei mir Schlangestehen und auf meine Entscheidung warten.«

Kayla nimmt ihr Bier in die Hand und deutet an, mit mir anstoßen zu wollen.

»Auf alles, was noch kommt«, sagt sie.

Wir stoßen an. Auf alles, was noch kommt.

*

Kayla hat in einer der ganzen Kisten eine meterlange Lichterkette verstaut und diese entknoten wir, um sie auf der Gardinenstange über den Fenstern aufzuhängen. Außerdem stellen wir noch eine kleine Nachttischlampe auf den Nachttisch und so ist die Stimmung schon fast romantisch. Wir setzen uns auf das Bett, das ein bisschen klapprig ist, und erzählen noch ein wenig. Ich weiß nicht, wie wir auf das Thema gekommen sind, aber irgendwann philosophieren wir darüber, wie wir wohl als Eltern wären.

»Du wirst mal eine gute Mama«, sagt Kayla und schiebt sich ein Kissen unter ihren Kopf.

»Du doch auch«, antworte ich und lege mich ebenfalls hin.

»Nein«, sagt sie, »ich bin mehr so der Typ coole Tante, die deiner Tochter irgendwann auf einer Familienfeier betrunken erzählt, dass das Leben gar nicht rosarot ist und sie sich die Brüste operieren lassen soll, wenn es mit dem Abi nicht klappt.«

Ich lache. Ich bin so froh, Kayla in meinem Leben zu haben. Das will ich ihr gerade sagen, als ich bemerke, dass sie bereits eingeschlafen ist. Ich schalte das Licht aus und versuche, nicht mehr so viel darüber nachzudenken, dass wir uns Morgen für eine längere Zeit das letzte Mal sehen werden. Irgendwann schaffe ich es auch, einzuschlafen.

Am nächsten Morgen werden wir durch den Anruf von Kaylas Mutter geweckt. Um halb neun klingelt das Handy und sie sagt, dass sie sich auf den Weg zu uns macht. Wir werden beide mit unserem Auto zurückfahren und vorher will sie sich noch von Kayla verabschieden.

Die Zeit nach dem Telefonat reicht genau aus, dass Kayla und ich nacheinander duschen gehen können. Dann steht ihre Mutter auch schon vor der Tür.

Wir gehen in ein kleines, niedliches Café um etwas zu frühstücken. Wieder wird mir der Unterschied zu unserer Heimatstadt bewusst. Das hier ist eine Großstadt, gar nicht zu vergleichen mit unserer Heimat. An jeder Ecke stehen riesige Häuser und überall sind Menschen, darunter ziemlich viele Touristen. Irgendwie kann ich unseren kleinen Ausflug nicht richtig genießen, weil ich immer im Hinterkopf habe, dass wir gleich abreisen müssen. Kaylas Mutter und ich haben noch eine lange Fahrt vor uns, weswegen wir nicht erst abends losfahren wollen. Nachts traue ich mir nicht zu, auf der Autobahn zu fahren.

Irgendwann ist der Zeitpunkt gekommen und es ist an der Zeit, Abschied zu nehmen. Wir stehen wieder zu dritt vor der Eingangstür ihrer neuen Wohnung.

»Ist jetzt der Moment?«, fragt Kaylas Mutter.

Kayla und ich zucken mit den Schultern.

»Ich gehe nochmal pinkeln, dann habt ihr schon mal Zeit, euch zu verabschieden«, sage ich und verschwinde aus dem Zimmer.

Als ich wiederkomme, umarmen die beiden sich immer noch. Ich sehe erst auf den zweiten Blick, dass beide weinen. Ihre Mutter ein bisschen mehr als Kayla. Vor der Abreise meinte Kayla zu mir, dass sie eigentlich nicht will, dass ihre Mutter sie traurig sieht. Ihr fällt der Abschied zwar auch schwer, aber sie möchte nicht, dass man es ihr ansieht. Sie denkt, dass sie es ihrer Mutter damit noch schwerer macht, als es sowieso schon ist.

Ich habe mir eigentlich vorgenommen, nicht zu weinen, aber das ist wie beim magischen Denken: je mehr ich mich darauf konzentriere, es nicht zu tun, desto schneller kommen die Tränen. Schon wieder habe ich an den rosa Elefanten gedacht. Mist.

Ich nehme Kayla in den Arm und wir drücken uns ganz fest – als wäre es die letzte Umarmung zwischen uns beiden. Ich will nicht weinen, aber ich kann meine Tränen nicht zurückhalten. Ich spüre in diesem Moment eine Mischung aus Traurigkeit und Angst. Ich bin traurig, weil ich ohne meine bessere Hälfte wieder nach Hause fahren muss und ich habe Angst davor, durch irgendwen ersetzt zu werden. Mir schießen Gedanken durch den Kopf, dass ich hätte mitgehen sollen. Oder dass ich sie im Stich lasse. Ich habe vor allem Angst, dass sie eine neue beste Freundin finden würde, weil von nun an so viele Kilometer zwischen uns liegen. Sie hat mir nicht nur einmal gesagt, dass sie gar keine andere beste Freundin als mich haben will, aber irgendwie bin ich zu unsicher, um es zu glauben.

Ich lasse sie los und gehe einen Schritt zurück, ohne etwas zu sagen. Dann zieht sie mich zu sich heran und wir umarmen uns nochmal. Ich weine noch mehr als vorher.

»Ich vermisse dich jetzt schon«, sage ich.

»Wir sehen uns bald wieder, versprochen«, sagt Kayla und ich glaube ihr erstmal.

Ich steige in Carlos ein und Kaylas Mutter in ihr Auto. Sie fährt vor mir los und ich winke Kayla noch zum Abschied. Sie bleibt so lange stehen, bis sie mich nicht mehr sehen kann.

Ich schalte mein Radio ein und es läuft Wonderwall von Oasis. Ich war kurz davor, mich zu beruhigen, doch jetzt weine ich immer mehr, weil ich dieses Lied mit Kayla und unserem Ausflug verbinde. Sofort habe ich ihre Stimme im Kopf. *Ist das deine Kuschelrock-Playlist?* Ich lache kurz, doch dann weine ich immer weiter. Ich habe das Gefühl, dass ein Teil von mir da geblieben ist und nur der restliche Teil fährt zurück nach Hause.

Ich schaffe es den ganzen Abend nicht, mich zu beruhigen. Irgendwann klopft Papa an meine Tür, als ich immer noch weinend im Bett sitze.

»Ich habe dir einen Tee gemacht«, sagt er und setzt sich auf meine Bettkante.

»Danke.«

»Möchtest du darüber reden?«, fragt er mich.

Ich schüttle den Kopf.

»Möchtest du lieber alleine sein?«

Ich nicke. Papa geht wieder aus dem Zimmer. Kayla jetzt zu schreiben, dass ich sie vermisse und traurig bin, würde die Situation nicht besser machen. Irgendwann ist es erträglich, denke ich mir. Morgen sieht die Welt ganz anders aus. Nicht unbedingt besser, aber anders. Ein schlechter Tag ist auch nach vierundzwanzig Stunden vorbei.

19. Juni 2017

Liebes Tagebuch,
Der Moment ist gekommen. Meine beste Freundin
wohnt jetzt 500 Kilometer von mir entfernt und ich
gehe nicht davon aus, dass sie wiederkommen wird.
Ich weiß nicht, ob ich das aushalte. Ich vermisse sie
jetzt schon und kann nicht aufhören zu weinen.
Sie und Papa sind doch alles, was ich habe.
Was kann ich machen?

Gute Nacht,
deine Janna

20

»Wie lange ist für immer? - Manchmal nur
für eine Sekunde.«
(Alice im Wunderland)

Seit dem Abschlussball sind vier Tage vergangen. Meine Schulzeit ist offiziell vorbei und von nun an habe ich erst einmal viel Freizeit. Ich habe bereits Bewerbungen an zwei Universitäten in der Umgebung geschickt, an denen ich mir vorstellen kann, ein Studium zu beginnen. Meine einzige Bedingung ist, dass die Universität in der Nähe von Zuhause ist, sodass ich bei meinem Vater weiterhin wohnen kann. Ich will nicht umziehen, weil ich nicht allein sein möchte und wenn ich mir eine Wohnung mit einem Mitbewohner teilen muss, um Geld zu sparen, kann ich auch einfach Zuhause wohnen bleiben.

Ich habe mich für die Fächer Germanistik und Anglistik beworben. Eigentlich hätte ich total gerne Psychologie studiert, weil es mich sehr interessiert, aber so gut ist mein Abitur dann doch nicht. Diese beiden Studiengänge klingen aber sehr interessant und sind nun meine erste Wahl. Außerdem ist das Auswahlverfahren nicht so streng wie in anderen Studiengängen, also bin ich sehr zuversichtlich, angenommen zu werden. Nun heißt es abwarten. Bis die Zulassung kommt, wird es noch circa einen Monat dauern. Mit so viel Freizeit kann ich nicht umgehen, ich langweile mich schon nach vier Tagen. Die meiste Zeit habe ich bisher damit verbracht, zu backen, zu lesen oder mich zu sonnen.

Jetzt nehme ich mir vor, im Internet nach den Bildern vom Ball zu schauen. Mittlerweile könnten sie schon online sein.

Tatsächlich habe ich das Foto versaut. Ich schaue überhaupt nicht in die Kamera, aber lächle freundlich zur Seite. Zu Didi. Dennoch kaufe ich das Foto und lade es herunter, um es irgendwann einzurahmen.

Dann piept mein Handy. Eine Nachricht von Didi. Wenn man vom Teufel spricht, denke ich mir.

»Können wir uns sehen?«, schreibt er.

Ich weiß nicht, ob ich mich freuen soll oder nicht. Irgendwie ahne ich Schlimmes, aber gleichzeitig freue ich mich, ihn wiederzusehen.

»Klar, wann und wo denn?«, antworte ich, möglicherweise ein bisschen zu schnell.

»In zwei Stunden am Theater, da, wo wir schon mal saßen.«

»Okay, ich werde da sein.«

Ich sehe an mir herunter. Hm, vielleicht sollte ich den Bikini gegen Unterwäsche und die Jogginghose gegen eine kurze Jeans tauschen. Ich ziehe mir noch ein T-Shirt über und binde meine Haare zu einem Zopf zusammen. Es ist echt zu warm um Haare offen zu tragen.

Ich weiß jetzt, dass wir am Wasser sitzen werden, also packe ich vorsichtshalber eine Decke ins Auto. So bin ich halbwegs auf ein langes Treffen vorbereitet, da ich ja keine Ahnung habe, was Didi will.

Ich debattiere mit mir selbst, ob ich nicht doch lieber das Fahrrad nehmen oder mit Carlos fahren soll. Ich finde meine Denkweise, wenn es um solche Treffen geht, furchtbar anstrengend. In meinem Kopf erstelle ich, wie so oft, eine Pro/Contra-Liste.

Pro: Ich kann mal etwas für meine Figur tun; es ist schönes Wetter; es macht einen guten Eindruck bei Didi; ich belaste nicht die Umwelt.

Contra: Ich könnte verschwitzt beim Treffen ankommen; wenn er schlechte Neuigkeiten hat, kann ich mich nicht heulend ins Auto setzen und traurige Musik hören.

Also entscheide ich mich letztendlich doch dafür, mit Carlos zu fahren. Mein Gefühl sagt mir einfach, dass nichts Gutes dabei rauskommt.

Ich krame im Handschuhfach nach einer CD, die ich einlegen kann. Kayla hat mir öfter welche selbst gebrannt und einfach ins Fach gelegt. Vorausgesetzt, es war nicht bereits vollgestopft mit Coladosen. Ich habe nie wirklich reingeschaut, weil es immer ihr Platz war. Wenn wir zusammen unterwegs waren, hat sie sich um die Musik gekümmert und wenn ich kurze Strecken alleine fahre, höre ich meistens nur Radio.

Ich finde eine CD, die *teacher crush* heißt und auf der schätzungsweise einhundert Herzen gemalt sind. Da brauche ich nicht weitersuchen, diese ist perfekt. Mein Vater kommt aus dem Garten zum Auto gelaufen und fragt mich, wo ich hinfahre.

»Bin verabredet«, sage ich, »aber ich weiß noch nicht, wann ich zurück bin.«

»Kein Problem, melde dich dann einfach.«

Vielleicht denkt er, ich muss mich ablenken. Das ist nicht unbedingt gelogen, aber für die Wahrheit ist es noch zu früh.

»Ja, bis später«, sage ich.

Ich starte den Motor und fahre aus unserer Einfahrt. Das erste Lied auf der CD ist I Don't Want To Miss A Thing von Aerosmith. Dramatischer geht es wohl nicht, denke ich mir. Ich steigere mich sehr in das Lied hinein und irgendwie macht es mich traurig. Ich will mir keine Hoffnungen machen und voller Euphorie zu diesem Treffen fahren, für den Fall, dass ich enttäuscht werde.

I could stay awake just to hear you breathing
Watch you smile while you are sleeping
While you're far away dreaming
I could spend my life in this sweet surrender
I could stay lost in this moment forever
Every moment spent with you is a moment I treasure

Ich glaube, ich habe noch nie so viele Pärchen gesehen, wie auf dem Weg zum Theaterpark. Es verunsichert mich. Wahrscheinlich ist es das gleiche Mysterium, wenn man schwanger werden möchte und den ganzen Tag nur schwangere Frauen sieht.

Nachdem ich ein schattiges Plätzchen für Carlos gefunden habe, schaue ich mich nach Didi um, sehe ihn jedoch nicht. Nicht auf dem Parkplatz und auch nicht an dem Platz, an dem wir das letzte Mal saßen. Ich stopfe die Decke aus meinem Kofferraum in meinen Rucksack und mache mich auf den Weg.

Ich setze mich auf den Rasen und hole mein Handy heraus, um Kayla zu schreiben und dann merke ich, dass ich eine halbe Stunde zu früh bin. Na toll. Liegt wahrscheinlich an der Aufregung. Je mehr Zeit ich vor einem Treffen habe, desto mehr Gedanken mache ich mir darüber, was ich alles sagen will. Das hat mir in der Vergangenheit noch nie Glück gebracht.

»Ich treffe mich gleich mit Didi«, schreibe ich Kayla.

»Was? Oh mein Gott, wieso? Einfach so?«

»Ich habe keine Ahnung«, antworte ich, »kann ich dich danach anrufen?«

»Klar.«

»Ich bin aufgeregt.«

»Stell ihn dir nackt vor.«

»Und dann?«

»Dann bist du nicht mehr *auf*geregt, sondern *er*regt.«

Meine beste Freundin hat in solchen Situationen immer noch die besten Ratschläge parat.

»Ich werde darüber nachdenken«, schreibe ich zurück und lege mein Handy weg.

Plötzlich steht Didi auch schon hinter mir. Er lächelt mich an.

»Hallo«, sage ich unsicher, wie ich ihn begrüßen soll.

»Hallo«, sagt er grinsend und öffnet seine Arme, um mir anzudeuten, dass ich ihn umarmen soll.

»Wollen wir nach dort hinten gehen?«, fragt er, »da ist es ein bisschen abgelegener.«

»Okay.«

Wir umarmen uns und anschließend gehen wir zum besagten Platz, der wirklich sehr abgelegen ist. Wir befinden uns immer noch am Wasser und auf dem Rasen, allerdings hinter ein paar Büschen. Wer an uns vorbeiläuft, müsste sich Mühe geben, uns zu sehen.

»Verdammt, ich habe eine Decke vergessen«, murmelt er.

»Zufällig habe ich eine dabei.«

»Zufällig?«, fragt er und schaut mich wieder mit diesem Blick an, der sagt: *ich weiß genau, was du denkst*.

Wir setzen uns beide auf die Decke. Ich muss an das denken, was Kayla mir geschrieben hat und fange an zu lachen.

»Was ist?«, fragt Didi.

»Ach nichts«, sage ich, »ich habe nur an etwas Witziges gedacht.«

»Willst du es mir nicht verraten?«, sagt er, während er sich hinlegt. Er streckt seinen Arm aus, als Zeichen, dass ich mich zu ihm legen soll.

»Nö«, sage ich grinsend und lege mich zu ihm. Mein Kopf liegt auf seinem Arm, aber ich traue mich nicht wirklich, näher an ihn zu rücken.

Ich weiß, was auf dem Abschlussball passiert ist, aber

die Welt kann heute schon wieder ganz anders aussehen, schließlich sind wir heute nüchtern und an einem öffentlichen Platz.

»Lass mich an deinen Gedanken teilhaben«, sagt er.

»Nein, glauben Sie mir, das wollen Sie nicht wissen.«

Dann nimmt er mir die Entscheidung mit dem Näherkommen ab. Er dreht sich zu mir, legt seine Hand an meine Hüfte und zieht mich zu sich heran. Unsere Köpfe berühren sich an der Stirn, seine Hand befindet sich immer noch an meiner Taille und ich lege meine Hand an seinen Hinterkopf.

»Warum wollen Sie mich eigentlich sehen?«, frage ich ihn, als wir uns in die Augen schauen.

»Das erkläre ich dir später, dafür ist der Moment gerade zu schön.«

Dann küsst er mich. Der Moment ist zu schön dafür? Für mich wird in diesem Moment klar, dass es nicht besser werden kann. Wenn er mich zum Beispiel fragen wollte, ob wir zusammen sein wollen, wäre der Moment dafür ja nicht zu schön gewesen, sondern perfekt. Also gehe ich nach wie vor vom Schlimmsten aus. Warum küsst er mich dann?

Ich kann diese Situation nicht so genießen, wie ich es sonst tue. Meine Gedanken kreisen nur um das, was er mir eigentlich sagen will.

Wir liegen noch eine Weile so da, ohne etwas zu sagen. Mittlerweile hat sich Didi auf den Rücken gedreht und ich liege zur Hälfte auf ihm drauf; mein eines Bein liegt zwischen seinen und mein Arm liegt auf seinem Oberkörper: mein Ellenbogen in Höhe des Bauchnabels und die Fingerspitzen auf seiner Brust.

Ich will nicht, dass dieser Moment endet. Allerdings weiß ich, dass wir uns so wie jetzt nie privat treffen können. Ich versuche, nicht an ein Ende zu denken, aber ein Ende fühlt sich gerade so nah an.

»Wie lange hast du Zeit?«, fragt er mich.

»Ewig, so lange, wie Sie Zeit haben.«

In maximalromantischen Situationen wie diesen darf eine Sache natürlich nicht fehlen: Platzregen. Und das im Juni.

Ich hätte noch eine Ewigkeit so liegenbleiben können, egal ob es regnet, ein Tornado entsteht oder eine Lawine auf uns zukommt. Aber aus Reflex stehen wir beide auf und halten uns die Decke über unsere Köpfe.

»Sollen wir uns etwas zum Unterstellen suchen?«, fragt Didi.

Wir müssen beide lachen, weil wir hilflos, mit einer Decke über dem Kopf, im Park stehen und beide nicht damit gerechnet haben, dieses Treffen klitschnass zu beenden. Der Regen wird immer stärker und das Theater ist geschlossen, also können wir dorthin nicht flüchten. Der nächste, für uns erreichbare Laden, ist ein Imbiss. Dort laufen wir hin. Theoretisch hätten wir dieses Treffen auch beenden können, aber er scheint das nicht zu wollen.

»Damit habe ich nicht gerechnet, aber ich schätze, wir müssen jetzt noch ganz romantisch Essen gehen.«

»Candle Light Döner?«, frage ich.

»Was immer du möchtest.«

»Sie«, sage ich leise und unüberlegt.

Er küsst mich, als wäre ihm alles andere um uns herum egal.

Wir bestellen eine große Portion Pommes und zwei Cola. Irgendwie haben wir beide keinen großen Hunger, nur Appetit.

»Ist das ein Date?«, fragt uns der Besitzer des Imbisses. Ich zucke mit den Schultern, dann nickt Didi. Der Besitzer kommt mit einem Teelicht zu unserem Tisch und zündet dieses an. Er ist der wahrscheinlich erste und einzige Mensch, der uns beide je für ein Paar und nicht für Vater und Tochter halten wird.

Ich gebe mir große Mühe, nicht zu kleckern oder andere peinliche Dinge zu tun, wenn er dabei ist.

Ich bin verliebt. Und ich will, dass er das Gleiche von sich behaupten kann. In seiner Nähe fühle ich mich einfach wohl.

»Ich hoffe, dass das hier nicht das schlimmste Date ist, das Sie jemals hatten.«

»Oh nein, glaub mir.«

»Was war denn das Schlimmste, wenn ich fragen darf?«

»Das war zu der Zeit, in der ich mich mit diesen Apps ausprobiert habe«, er lacht, »die gute Frau hat mir eine Adresse geschickt und gefragt, ob ich sie von dort abholen könne.«

»Und dann?«

»Dann bin ich dort hingefahren. Und stand plötzlich vor der JVA.«

»Sie verarschen mich doch.«

»Nein, ich wünschte, es wäre nicht so.«

»Und was haben Sie dann gemacht?«

»Ich bin sofort wieder umgedreht. Seitdem habe ich diese App auch nicht mehr benutzt, bis ich die Nachricht von dir bekommen habe.«

»Verständlich«, sage ich, »hätte ich auch nicht gemacht.«

Unser Gespräch wird kurz unterbrochen. Der Imbiss ist zwar fast leer, aber ein paar Tische weiter sitzen zwei Jungs in viel zu weiten Jogginghosen, mit schiefen Basecaps auf dem Kopf und ziemlich prolligen Ketten um den Hals. Sie trinken beide ein Bier und unterhalten sich abnormal laut. Kurz widme ich ihnen meine Aufmerksamkeit, aber dann fokussiere ich mich wieder auf Didi. Ich sehe ihn einfach nur an und weiß nicht, wohin mit meinen Gedanken und Gefühlen. Natürlich war ich in der Vergangenheit schon mal verliebt, aber das hier ist anders. Und es wird schlimmer, je mehr ich daran denke, dass es vorbei sein kann, bevor es überhaupt richtig angefangen hat.

Ich schaue Didi in die Augen. Er sieht in meine. Dann grinst er. Ich kann nicht mehr, denke ich, wie kann ein Mensch nur so schön sein. Wenn er mich weiterhin so süß ansieht, kann ich irgendwann wirklich nicht mehr. Kann man vom Verliebtsein erschöpft werden? Wenn man nicht mehr weiß, wohin mit seinen Gefühlen, tun sie irgendwann nur noch weh.

Meine Hand liegt auf dem Tisch und er greift danach. Die Sonne geht langsam unter und wir vergessen die Zeit, wenn wir zusammen sind.

»Sie haben mir immer noch nicht gesagt, was Sie mir eigentlich erzählen wollten«, merke ich an.

»Lass uns nach draußen gehen«, sagt er.

Vorher bezahlt er die Rechnung und stellt unser dreckiges Geschirr auf den Tresen.

»Auf Wiedersehen«, sagt er und dann verlassen wir

beide den Laden.

Wir stehen draußen. Es nieselt noch ein wenig, aber nur so viel, dass man es aushalten kann, draußen zu stehen. Didi macht einen traurigen Eindruck.

»Ich weiß nicht, wie ich anfangen soll.«

»Am besten direkt raus damit«, sage ich.

»Was würdest du machen, wenn du wüsstest, dass wir uns nie wieder sehen werden?«

Ich denke für einen kurzen Moment, dass mir das Herz stehen bleibt. Meine Haare werden langsam nass vom Regen und ich fange leicht an zu zittern. Er nimmt meine Hände in seine und hält sie fest. Dann streicht er mir meine Haare hinters Ohr. Ich wünschte, ich hätte mehr Zeit gehabt, mir eine Antwort auf diese Frage zu überlegen.

»Ich würde Sie umarmen«, sage ich verunsichert, ob es die richtige Antwort ist.

Dann nimmt er mich fest in den Arm. Ich umarme ihn zurück. Keine Ahnung, wie lange das hier alles passiert. Aber hätte ich gewusst, dass es das letzte Mal ist, hätte ich ihn länger umarmt.

Danksagung

Zuerst möchte ich meiner Therapeutin *Frau Beckurts* danken. Es war eine der besten und wichtigsten Entscheidungen in meinem Leben, eine Therapie zu beginnen und dann hatte ich noch Glück, im ersten Versuch bei Ihnen gelandet zu sein! Danke, dass Sie mich immer auf den Boden der Tatsachen zurückbringen und ich jetzt weiß, warum ich so bin, wie ich bin. Danke, dass ich mich bei Ihnen gut aufgehoben fühlen kann.

Ich danke allen *Testlesern*. Ohne euch hätte sich der Feinschliff dieses Buches definitiv schwieriger gestaltet. Ich danke euch für eure Kritik, Anmerkungen, Verbesserungsvorschläge und dafür, dass ihr an mich und diese Geschichte geglaubt habt. Auf viele weitere Geschichten mit euch als meine ehrlichsten Kritiker.

Ich danke meinem *besten Freund*. Bei dir finde ich mein altes Ich manchmal wieder und kann meistens vergessen, dass ich mich verändert habe. Meistens hält die Stimme in meinem Kopf ihre Klappe, wenn ich bei dir bin – vielleicht hat sie Angst, sich mit dir anzulegen? Danke dass du immer für mich da bist und mir zuhörst.

Außerdem danke ich *Dir*. Danke, dass Du dieses Buch gerade in deinen Händen hältst und es bis zum Ende gelesen hast! Ein Buch schreiben – schön und gut – aber was wären Autorinnen und Autoren ohne ihre Leserinnen und Leser? Richtig, nichts! Falls du dich in Janna wiedererkannt hast, vergiss niemals: Du bist nicht allein. Und auch wenn sich ein Biest in Deinen Kopf eingenistet hast, denk dran: Du bleibst der Chef in deiner Hütte, okay?